T0009701

Lao Tsé
y el taoísmo

Richard Wilhelm

Lao Tsé
y el taoísmo

EDICIONES OBELISCO

Si este libro le ha interesado y desea que le mantengamos informado
de nuestras publicaciones, escríbanos indicándonos qué temas son de su interés
(Astrología, Autoayuda, Psicología, Artes Marciales, Naturismo,
Espiritualidad, Tradición…) y gustosamente le complaceremos.

Puede consultar nuestro catálogo en www.edicionesobelisco.com

Colección Textos tradicionales
LAO TSÉ Y EL TAOÍSMO
Richard Wilhelm

1.ª edición: marzo de 2024

Título original: *Lat Tsé und Der Taoismus*
Traducción: *A. García-Molins*
Diseño de cubierta: *Enrique Iborra*
Corrección: *M.ª Ángeles Olivera*

© 2024, Ediciones Obelisco, S. L.
(Reservados los derechos para la presente edición)

Edita: Ediciones Obelisco, S. L.
Collita, 23-25. Pol. Ind. Molí de la Bastida
08191 Rubí - Barcelona - España
Tel. 93 309 85 25
E-mail: info@edicionesobelisco.com

ISBN: 978-84-1172-113-4
DL B 2052-2024

Impreso en los talleres gráficos de Romanyà/Valls S. A.
Verdaguer, 1 - 08786 Capellades - Barcelona

Printed in Spain

Reservados todos los derechos. Ninguna parte de esta publicación, incluido el diseño
de la cubierta, puede ser reproducida, almacenada, transmitida o utilizada en manera alguna
por ningún medio, ya sea electrónico, químico, mecánico, óptico, de grabación
o electrográfico, sin el previo consentimiento por escrito del editor.
Diríjase a CEDRO (Centro Español de Derechos Reprográficos, www.cedro.org)
si necesita fotocopiar o escanear algún fragmento de esta obra.

INTRODUCCIÓN

Lugar de Lao Tsé en la vida espiritual china

El gran pensador chino Lao Tsé es uno de los místicos más importantes de la humanidad. No le llamo filósofo porque, como la mayor parte de los pensadores chinos, se distingue del filósofo, tal y como se ha desarrollado en Europa, por dos características destacadas: primero, no se propone dar un sistema perfecto de la concepción del mundo en el que todas las relaciones y hechos tienen una interpretación inequívoca en el mundo visible y en el invisible, y, además, su pensamiento no se limita tan sólo al conocimiento, sino que también proporciona indicaciones o direcciones para vivir inmediatamente en un plano de la realidad más elevado que aquel en el que, por lo general, suelen moverse los hombres con sus ideas. No sólo pretende ordenar las ideas del sano entendimiento; no sólo quiere armonizarlas entre sí cuanto sea posible, considerándolas y mejorándolas de manera crítica allí donde hay contradicciones insolubles, sino que también desea incluir el pensamiento del hombre en un plano más hondo, haciéndole entrar en contacto inmediato con los verdaderos nexos del universo, de forma que el pensamiento se convierta en contemplación y, todavía más, en intuición viva, influyendo así de un modo definitivo en toda la existencia.

Antes de seguir al pensador Lao Tsé por estos derroteros, vamos a estudiar cómo ha llegado a esta actitud interior que da a la vida china del espíritu una significación única. Vivió en una época que no difiere del todo a la actual de Europa. Durante los siglos anteriores a su nacimiento, se había ido disolviendo poco a poco el antiguo imperio feudal chino, en cuya cima se encontraba el «Hijo del Cielo, que reunía el poder temporal y la autoridad religiosa. En su lugar había surgido un sistema de estados particulares que guardaban entre sí cierto equilibrio de poder. Pero al equilibrio chino le ocurrió algo parecido a lo que le sucede al equilibrio europeo; para sostenerlo fueron precisas incesantes guerras. Éstas se entablaban en China con armas por completo distintas de las que usa la moderna Europa, aunque no eran menos mortíferas y temibles. Estados enteros se repartieron; se acabó con dinastías, se deshicieron familias, se destruyó el bienestar de los países y fueron sacrificados millones de hombres. A pesar de estos sangrientos horrores, estaba muy desarrollada la conciencia de que se vivía en la cumbre de la cultura. Se producían descubrimientos, se infundía vida a organizaciones encaminadas a ordenar el gobierno de los estados y se discurrían procedimientos para potenciar la economía popular. Porque para hacer la guerra es preciso dinero, y para obtenerlo en forma de impuestos se necesita una economía bien desarrollada, de orientación capitalista.

En estas circunstancias, el viejo orden social fue desquiciándose cada vez más. Las antiguas clases se desmoronaban; se venían abajo las viejas familias y ascendían clases sociales nuevas. Pudo verse cómo príncipes de las antiguas casas reales llevaban una existencia desesperada como esclavos y porteros, con los pies cortados. Por otra parte, hubo esclavos, pastores y trabajadores que, tras demostrar su competencia y talento, fueron promovidos a los más altos empleos. Pero las circunstancias, en general, no tenían consistencia interna. Las eternas guerras hacían que todo fuese inseguro. El que un día era rico y distinguido al día siguiente se podía encontrar hundido en la miseria. Para los hombres de aquellos días, el porvenir estaba siempre cubierto de una capa de oscura incertidumbre. De aquí resultaba el ansia de poderío y de riqueza, el afán de defender y conservar lo que se había conquistado en la guerra. El miedo de perder lo ganado provocó, tras las antiguas guerras de conquista, otras nuevas.

Con todo esto, naturalmente, el pueblo era quien más sufría. Al pueblo, las luchas de sus príncipes por el poder no le inspiraban el menor interés, por mucho que éstos se esforzasen en presentar sus guerras como una cuestión de honor para la defensa del derecho y de la verdad. Pero los soldados con que se hacían estas guerras salían del pueblo; los hijos del pueblo tenían que dar su sangre y eran arrancados del lado de sus padres; los esposos eran separados de sus esposas; las familias padecían necesidad y hambre, y se dispersaban con frecuencia por lugares inciertos, en lejanías desconocidas. El pueblo había de sacrificar sus bienes para estas guerras y para la pompa que decoraba las cortes de los príncipes en tiempos de paz. Las grandes vías eran llanas y hermosas, pero el pueblo no podía transitar por ellas; el atuendo de la corte era bello y soberbio, pero los campos estaban llenos de malas hierbas y vacíos los graneros; la ropa de la gente distinguida era elegante y fina; todos llevaban un puñal en la cintura, y eran delicados en el comer y en el beber, y había para ellos bienes en exceso, pero la gente del pueblo pasaba hambre, y algunos incluso morían en el arroyo.

La antigua religión china sufrió en esta época una grave conmoción. En tiempos antiguos reinaba en China una creencia en Dios que puede muy bien compararse con la antigua creencia israelita. Se imaginaba que allá arriba, en el cielo azul, había un Dios que contemplaba desde lo alto a las criaturas y vigilaba sobre lo justo y lo injusto. Dios había dado a los hombres príncipes que habían de mantener el orden sobre la Tierra. Si reinaba el orden, la bendición del cielo no se hacía esperar; se manifestaban los signos favorables, y las pruebas de la gracia divina eran tiempos fértiles, bendiciones y prosperidad; de la misma manera expresaba Dios su cólera mediante las sequías e inundaciones, las enfermedades y las carestías. Pero también había, en lo individual, espíritus que premiaban a los buenos y castigaban a los malos.

Esta religión cayó, pues, en desacuerdo con los hechos. ¿Dónde estaba el Dios bondadoso del cielo si en la Tierra podían ocurrir impunemente todos aquellos males? Fueron diversas las actitudes que los chinos tomaron para este problema. Los piadosos predicaban paciencia y conformidad con los designios inescrutables de Dios. Otros dudaban de Él. El cielo azul, allá arriba, podía contemplar despiadadamente durante años enteros la miseria de los hombres mientras reinaba el azote de la sequía y el fuego del Sol, secando todas las semillas y haciendo perecer a las criaturas. Otros, en cambio, animaban al hombre a gozar de la vida mientras hubiera medios y posibilidad de goce, pues reinaba incertidumbre sobre lo que pudiera acaecer después de la muerte. Otros, por su parte, atribuían la culpa a las clases gobernantes. En el *Libro de los Cánticos*, cuyas últimas composiciones provienen de aquella época o de la inmediatamente anterior, hallamos algunos cantos plenos de sarda irritación y de odio feroz contra los desafueros en el estado y en la sociedad, que tan desconsoladoras consecuencias tenían. Este descontento llegaba hasta el pesimismo y el cansancio de la vida. «Mucho mejor hubiera sido no haber nacido nunca que tener que soportar esto». Ni Dios en el cielo, ni padre, ni madre, ni Sol, ni Luna escuchan la pena, que no tenía quien la atenuara.

Es natural que cuando este malestar fuera prendiendo en el pueblo, toda la estructura de la sociedad se viese amenazada. Se trataba de una época de disolución y de transición. El estado feudal patriarcal se desmenuzaba cada vez más. Los grandes Estados padecían las mismas dificultades. En las generaciones anteriores existían todavía poderosas hegemonías que, sustituyendo al Hijo del cielo y gobernando en su nombre, mantenían el orden en el imperio; pero ahora esto se había acabado. Las estirpes nobles se atrincheraban en sus burgos y en sus ciudades fuertes, y el príncipe fue muchas veces expulsado o incluso acababan con su vida si no obraba de acuerdo con sus deseos.

Aquella época se llama «primavera y otoño», según la obra en que Confucio, bajo la forma de historia, ejerció la crítica social desde el punto de vista moral. Fue una época dominada por las revoluciones y los regicidios, incluso en cada uno de los estados. Pero lo extraño de aquella época es que, a pesar de estos indicios de disolución, la vida espiritual progresó. La crisis no era crisis de una cultura agonizante. El viejo mundo chino duró todavía trescientos años más; y precisamente esos trescientos años constituyeron una época de actividad espiritual sin parangón.

La miseria de la época era bastante importante para conmover las bases de lo antiguo, pero no consiguió aniquilar la cultura. Al contrario, hizo su aparición una nueva época productiva, en la que se crearon nuevas bases para el porvenir. En el norte de China surgió Confucio, que se apoyó en lo viejo, llenándolo de un nuevo espíritu, y se situó sobre el terreno de la época y de la realidad, estableciendo las normas, según las cuales, la sociedad china, una vez que hubo madurado su doctrina, fue desarrollándose hasta la época más moderna. El punto de vista de Confucio estaba en la eternidad, pero sus efectos recayeron sobre lo temporal. Su aspiración fue la de purificar y plasmar las formas de los fenómenos temporales, según las más profundas leyes de la vida y según el camino del hombre. Este camino conducía a la cultura, a una cultura que no estaba reñida con la naturaleza, sino que había de ser armonizada y ordenada por ella misma. Lao Tsé procedía del sur, donde la cultura china se había encontrado con otra cultura. Mientras que en el norte el patriarcado había alcanzado la victoria hacía ya medio siglo, Lao Tsé, en la confusión del día, volvió a la naturaleza, a la gran naturaleza maternal. Su camino no es el del hombre, sino el del cielo, el de la gran naturaleza, en la que el hombre tiene que sumergirse de nuevo para encontrar la paz en el caos originado por la cultura y la excesiva consciencia. Lao Tsé es el representante de la dirección meridional de la cultura china. Predicaba la vuelta a la naturaleza; no tiene historia, porque sólo le interesa el eterno ritmo de lo que se va sucediendo; no quiere fines ni medios, no desea acción ni tráfico, sino quietud, crecimiento y desenvolvimiento a partir del sentido más profundo de la vida.

Confucio veía a los hombres de su época como niños que, por su imprevisión, se aproximaban demasiado al agua o al fuego, niños a quienes era preciso salvar a toda costa. Reconocía que era muy difícil esta salvación; pero por eso mismo buscó durante toda su vida el medio de operarla. Conocía la medicina que podía ofrecer el remedio. Lo había demostrado durante los breves años en que estuvo encargado en su patria de la dirección de los negocios del Estado. Sin embargo, para poder aplicar su remedio, necesitaba un príncipe que lo utilizase, que siguiera sus métodos y que lo ayudase a hacerlos eficaces. Así, fue de un lugar a otro y de uno a otro estado. Algún príncipe tuvo el gusto de charlar con él, otro pudo hacer un ensayo a medias. Pero ninguno osó hacerlo por completo. Finalmente acaeció la gran renuncia y se retiró para ocultarse. Sin embargo, no pudo desprenderse de su responsabilidad. Lo que no pudo realizar en la actualidad lo entregó como herencia para el futuro. En la edición de las obras clásicas, creó las normas del orden para el futuro y, por medio de instrucciones orales, dejó a sus discípulos la clave para descifrar el secreto de la aplicación de aquellos graves principios y doctrinas.

Lao Tsé no considera la situación con tanto optimismo. La enfermedad que padecía el mundo no era de aquellas que podían curarse con medicinas: «El que obra, lo echa a perder; el que se sostiene, lo pierde». Lo necesario, a su entender, era dejar descansar al mundo, para que el organismo tuviese tiempo y ocasión de regenerarse a sí mismo. Pero Lao Tsé no limitó sus principios a la época que le tocó vivir. En cualquier tiempo, si se quiere obrar, hay que retroceder del mundo de los fenómenos al mundo de la eterna vía, para encontrar allí las compensaciones secretas a todo aquello que se agita en la existencia, con el objetivo de que el devenir sea influido desde un plano superior. Porque cuando el hombre se limita a oponer una fuerza visible a otra fuerza visible en el mundo de los fenómenos, entonces las consecuencias son siempre limitadas y finitas, y no es posible salir de la corriente en que fluyen los procesos.

Muchas veces hay ocasión de ver, por alusiones casi literales, que el pensamiento de Lao Tsé, como el de Confucio, está determinado por la sabiduría secreta del *Libro de las mutaciones*, un libro antiquísimo de oráculos y sabidurías, al cual Confucio, cuando tenía una edad avanzada, siguió entregado con toda su alma. Comparado con Confucio, que representa en su época la tendencia moderna del progreso, en sus fundamentos, Lao Tsé es el más antiguo. Retrocediendo más allá de la época patriarcal, llega hasta el punto en el cual el símbolo último es lo maternal, la eterna mujer. Pero no está limitado en el tiempo, sino que con sus raíces alcanza hasta las últimas profundidades, de las que emana cualquier vida. Así, ha recorrido los siglos junto a Confucio, su contemporáneo más joven. Es verdad que, más adelante, de él se derivó una religión mágica que no guarda más que una relación muy floja con su verdadero pensamiento, pero, no obstante, quedó intacto en su esencia. Esta esencia interna ha influido una y otra vez en China aun mucho después de haber alcanzado la victoria el confucianismo. Justamente los más sabios de los estadistas confucianos estuvieron siempre con Lao Tsé por su modo de sentir. Así, Confucio creó la forma de la vida para los milenios; éste es su original mérito. Pero más allá de esta forma, llenándola y dándole sentido, se halla la gran doctrina del Wu Wei, del no querer hacer nada. Y en ella coinciden Confucio y Lao Tsé.

I. LAO TSÉ Y SU OBRA

CAPÍTULO I

LA VIDA DE LAO TSÉ

Sobre la historia de la vida de Lao Tsé se han difundido muchas leyendas. No es nada fácil sacar de ellas algo por completo seguro sobre este particular. Las breves indicaciones que se encuentran en la historia china Chi Ki, de Sï-Ma Ts'iän, no se pueden considerar por completo ciertas. Lo que puede decirse acerca de Lao Tsé, según los modernos trabajos críticos chinos, es poco más o menos lo siguiente.

El nombre familiar o apellido de Lao Tsé era Li, su nombre apelativo Erl y su nombre personal Tan, es decir, según la costumbre china, Li Erl o Li Tan. La palabra Lao significa «viejo», y Tsé, «maestro», de manera que Lao Tsé significaría «el viejo maestro». Pero también existe la posibilidad de que Lao fuese un viejo nombre de clan. Nos lleva a pensar en ello el frecuente uso de la combinación «Lao Tan» en la Edad Antigua china. Estos nombres de clan son de uso general en China. Se transmitieron poco a poco a las estirpes patriarcales y se conservaron en esta forma hasta el presente. En la antigüedad, las familias nobles llevaban, además, otros nombres familiares. Uno de ellos sería, en este caso, el nombre de Li. Esto sería al mismo tiempo la prueba de que Lao Tsé provenía de una familia distinguida, lo cual no es improbable por otras razones.

El lugar del nacimiento de Lao Tsé es K'uhsiän, en el estado de Tsch'en. Tsch'en era un estado situado al sur de la China de entonces, esto es, en la comarca del Yangtse. En la época de Lao Tsé este estado había sido ya anexionado por el gran estado del sur Tsch'u, el cual mantenía muy escasos vínculos con el círculo de la cultura china. Sin embargo, Lao Tsé –tal vez por esta misma razón– no entró al servicio del estado de Tsch'u, sino que se dirigió a la ciudad imperial de Loyang, en la que se convirtió en jefe de la biblioteca del imperio. La circunstancia de que Lao Tsé proviniera de las comarcas fronterizas meridionales de la cultura china de entonces es de suma importancia para explicar todo su pensamiento. El sur se caracteriza, por un lado, por el radicalismo de las convicciones, y, por el otro, por la blandura y la suavidad; todo ello lo encontramos en la filosofía de Lao Tsé. Del mismo modo, la profundidad de la intuición, que supera todas las barreras, es peculiar del sur, frente al sobrio realismo del norte chino. Claro que Lao Tsé, como cualquier otro gran hombre, no es el producto de su mundo circundante. Pero de igual modo que en Goethe no deja de tener importancia el hecho de proceder del suroeste de Alemania, porque las influencias culturales, los matices y los estímulos que allí recibió ejercieron influencia sobre su pensamiento, al menos a título material, y de igual manera que, por otro lado, tenemos en Kant un pensador sobre el que influyó el espíritu seco y estricto del noreste alemán, también así hallamos en Lao Tsé rastros del mundo de la China meridional, como en Confucio encontramos rastros de la China septentrional.

Su empleo en la biblioteca imperial de la capital china tuvo también una gran importancia para su desarrollo. Un bibliotecario no era entonces lo que es en la actualidad; tenía encomendado el cuidado de las obras que, en tiempos antiguos y modernos, trataron del sentido del éxito y del fracaso, de la existencia y la decadencia, de la desgracia y la suerte. El cargo fue en principio como sacerdote y su misión consistía en consultar los oráculos. Así se comprende de dónde había sacado

Lao Tsé su gran visión de conjunto sobre los «maestros de la primera época», de los cuales habla en ocasiones; así se explica también que conociese y comprendiese el antiguo libro de los oráculos de la dinastía de los Tschou, el *Libro de las mutaciones*, lo cual se demuestra también de manera evidente en su doctrina que tiene comúnmente como premisa el *Libro de las mutaciones*. Y también que conociese todos los usos y costumbres de la edad primitiva, porque en la biblioteca imperial disponía de abundantes fuentes a las que no podía acceder ningún otro hombre de su época. Es, pues, del todo posible que Confucio le hubiese preguntado acerca de estas costumbres, y son por completo dignos de crédito los diversos datos en las notas sobre las costumbres (Li Ki) que citan a Lao Tan como la autoridad de quien Confucio había recibido la información, aun cuando por de pronto contradigan la imagen que se suele tener de Lao Tsé. La tradición de Lao Tsé pasó muy pronto a lo mítico, e incluso donde faltan los rasgos maravillosos se ha condensado su imagen, por decirlo así, en una abreviatura grandiosa. Lao Tsé es, en la tradición, el sabio antiquísimo que, lejos del mundo y fuera del tiempo, convive con el sentido y la vida del cosmos, y sólo tiene para los hombres, sus contemporáneos, una suave ironía o algunos desperdicios de ideas. No hay duda de que el modo en que un hombre llega a ser mítico, ya sea adolescente, hombre maduro o anciano, contiene una verdad interna. Cuando un hombre llega a alcanzar tanta importancia, hasta el punto de que la posteridad lo conserva en su memoria, sucede de la forma más característica para él. Precisamente en Lao Tsé, la significación de «viejo» que iba incluida en su nombre, influiría, sin duda, de un modo especial en este sentido. Pero a pesar de este hecho indiscutible, no debemos olvidar que Lao Tsé también sufrió una evolución. Seguramente no vino al mundo como un anciano de ochenta años, con el cabello blanco, como dice una leyenda posterior. Si experimentó una evolución, entonces no tiene que existir ninguna dificultad para encontrar en ella –aun cuando no podamos ya reconstruir sus distintas fases– un espacio donde situar los datos de las notas acerca de las costumbres. Estos datos tienen mucha importancia porque son los únicos datos antiguos acerca de Lao Tsé que proceden de fuentes confucianas, las cuales, en lo que se refiere a la fidelidad histórica, son siempre muy seguras y resultan tanto más valiosas cuanto que las fuentes que proceden del campo taoístico encumbraron desde muy pronto a Lao Tsé en la zona de los mitos.

Las notas sobre las costumbres tienen gran importancia para la historia de la vida de Lao Tsé, porque el pasaje nos permite establecer con exactitud la época en que Confucio visitó a Lao Tsé, con lo que adquirimos un punto de apoyo para establecer la vida del filósofo. En realidad, esta fecha es la única que conocemos sobre su vida. No podemos determinar ni el año de su nacimiento ni el de su muerte, ni siquiera aproximándonos algunos años, y resulta significativo que la única fecha histórica con la que contamos sea la del encuentro de Lao Tsé, un hombre tan ahistórico, con Confucio, un personaje de gran exactitud histórica. En las notas citadas acerca de las costumbres, en el capítulo de «Las preguntas de Tsong Tsé» (Tsong-Tsé Ven), Confucio afirma que, mientras caminaba con Lao Tsé en un entierro, presenció un eclipse de Sol. Y se tiene noticia de que en el verano del año 518 hubo un eclipse de Sol que pudo presenciarse en China. Esto concuerda de modo sorprendente con un hecho mencionado por otra parte. Al fallecer en Lu uno de los principales hombres de Estado, ordenó que su hijo y su sobrino frecuentasen las clases de Confucio, que a la sazón tenía treinta y cuatro años. Y por ello, Confucio y estos discípulos hicieron un viaje a la capital de Tschu, donde, entre otros, parece que visitó a Lao Tsé. Este viaje debió ser justamente por aquel mismo año, de forma que el hecho queda muy bien atestiguado por la concordancia de tan diversas fuentes. Frente a esto, no puede tomarse en serio la objeción de que el hijo de aquel estadista no podía haber hecho un viaje justo después de la muerte de su padre, porque las costumbres funerarias no llegan a fijarse a China hasta Confucio, y aquel viaje se realizó por encargo directo del padre fallecido.

Parece que Confucio, según la costumbre de entonces, preguntó a Lao Tsé principalmente por los usos de la época clásica de los Tschu. Esto no está de acuerdo con las diversas referencias taoístas sobre esta entrevista, ya que en todas ellas se dice que Lao Tsé convenció a Confucio de la inanidad de todas las costumbres y ceremonias. También Sï-Ma Ts'iän, en sus notas históricas, defiende esta misma opinión. La fuente de que se vale para ello seguramente es Tschuang-Tsé, cuyo libro 14 refiere toda una serie de historias acerca de las conversaciones entre Confucio y Lao Tsé. Algunas de ellas son, sin duda, tan solo una forma de discusión entre las concepciones taoística y confuciana del Estado. Sin embargo, hay un capítulo con referencia exacta de lugar y tiempo. Según este capítulo, Confucio habría peregrinado durante cincuenta y un años, cuando se dirigió hacia el sur, a P'e, para visitar a Lao Tan. Terminada la entrevista, Confucio pronunció la frase citada por Sï-Ma Ts'iän: «Esta vez he visto realmente un dragón. Cuando el dragón se recoge tiene figura humana, y si se dilata, se transforma en un fantasma aéreo que atraviesa las nubes y vive de la clara y de la oscura fuerza primitiva». Si esta entrevista es histórica, ha de ser, en todo caso, distinta de aquella otra en la capital de Tschu. Tiene lugar en P'e, al sur de China. Los eruditos chinos están divididos entre aquellos que opinan si debemos aceptar una entrevista anterior o una entrevista posterior de ambos sabios. Si hemos de ir aplicando todo el material de que disponemos, habríamos de suponer varias entrevistas. Tal vez indique esto

mismo una de las esculturas de piedra de los sepulcros de Kia-
siang que proceden de la época Han: aquí está representado el
encuentro de forma que Lao Tsé va de viaje cuando Confucio
lo visita y éste le ofrece como regalo un pájaro. En una época
posterior, observamos en Confucio un cambio interior que lo
aproxima mucho más a las opiniones de Lao Tsé. En las conversaciones de Confucio encontramos diversos pasajes que ha-
blan de ciertas opiniones del sur. También el pasaje del Taoteking, que afirma que hay que pagar el odio con bondad, se cita
y critica en las conversaciones de Confucio. Además, no es improbable que el pasaje de las conversaciones donde Confucio se
sitúa junto a Lao P'ong se refiera a Lao Tsé. P'ong es una ciudad cerca de P'e, y en la lengua china es muy frecuente desig-
nar a los hombres por los nombres de los lugares en que residen. Además, el nombre de Lao se encuentra antiguamente
como nombre patriarcal de familia en aquellas comarcas. La
explicación de que Lao P'ong tal vez hubiera sido un ministro
de la época Yin, del cual nadie sabe nada, es poco satisfactoria.
Se comprende, sin embargo, en una época en que Lao Tsé no
era estimado por los confucianos.

Confucio tuvo, años después, otros encuentros con sabios,
sobre todo al llegar al sur, en sus peregrinaciones. A estos hombres les dio siempre mucha importancia; los trató con gran
consideración y, con ellos, discutió detenidamente. En su trato
con ellos es evidente que siente la necesidad de justificarse. Finalmente, hizo suyas las opiniones de dichos sabios, y después
de una larga peregrinación inútil, se retiró a la calma de su
patria. No es imposible, ni mucho menos, que en aquella época se hubiera vuelto a encontrar con Lao Tsé, para recibir de él
una impresión más profunda que en la primera entrevista de
Loyang. Este cambio que Tschuangtsé sitúa cuando Confucio
tenía sesenta años, habría, pues, que atribuirlo, entre otras cosas, a la influencia de Lao Tsé. Este cambio de Confucio en los

últimos años es un hecho histórico. Si no se estuviera de acuerdo con ello, se debería tener en cuenta el hecho de que se hubiera ocupado con detenimiento del *Libro de las mutaciones*, ocupación que corresponde a esta época y que dio como fruto aquel comentario al *Libro de las mutaciones* en el cual Confucio se aproxima mucho, en parte, a las doctrinas de Lao Tsé. Al parecer, también Lao Tsé había ido sumiéndose cada vez con más profundidad en el alejamiento de todo lo mundano. Al complicarse cada vez más las circunstancias, parece que renunció a su puesto en la biblioteca imperial para retirarse a una vida oscura. Es conocido el relato del modo en que abandonó la comarca central en su viaje hacia el oeste a través del puerto de Hanku. En aquel paso, el funcionario Yin Si estaba encargado de la vigilancia, y con él tuvo Lao Tsé una conversación acerca del sentido y de la vida. Le rogó entonces el guardián de la puerta que antes de partir le dejase un resumen de sus doctrinas. Entonces Lao Tsé compuso una obrita de unos cinco mil signos, que más adelante se hizo célebre con el nombre de *Tao Te King*. Se dice que Lao Tsé no regresó a Tschu después de este viaje.

Dondequiera que la historia de Lao Tsé ofrece un punto de conexión, sobreviene la leyenda y continúa tejiendo su trama. Según la leyenda, pues, Lao Tsé se marchó lejos, hacia el oeste, donde enseñó a los bárbaros el sentido del mundo. El taoísmo posterior utilizó este dicho como recurso contra el budismo para afirmar que Lao Tsé era el verdadero fundador de la doctrina budista y que Buda dependía directa o indirectamente de Lao Tsé. Claro que todo esto es fantasía. Aquel puerto o paso no se encuentra al final del mundo, sino en medio de China, y permite a los viajeros salir de la región central. ¿Adónde se dirigió Lao Tsé? No puede decirse con una seguridad absoluta. Probablemente pasara algún tiempo peregrinando y se retirara, como se sabe que han hecho otras veces los sabios a una edad avanzada. Existen diversos indicios que permiten suponer que se marchó hacia el sur, por la región del Yangtsé. En esta época habría que situar el segundo encuentro con Confucio, ya mencionado. Por último, parece que regresó a su patria y murió entre los suyos. El pasaje del *Tschuangtsé*, en donde se relata su muerte, tiene tales tintes de autenticidad que merece completo crédito. Afirma así:

Lao Tan había muerto. Ts'in Schï fue a dar el pésame. Profirió tres gritos de dolor y se marchó de nuevo. Un discípulo le preguntó: «No erais el amigo de nuestro maestro?». El contestó: «Sí». «¿Os basta entonces expresar de esta manera vuestro dolor?». El dijo: «¡Sí! Al principio sostenía que él era nuestro hombre, y, sin embargo, no es así. Al entrar, hace poco, para plañir, vi que le lloraban los ancianos como si llorasen a un hijo, y los jóvenes como si se lamentaran por una madre. Para atraérselos con tal firmeza necesita haber pronunciado palabras que no hubiera debido pronunciar y haber llorado lágrimas que no hubiera debido llorar. Pero esto es un desvío de la naturaleza celeste: esto no hace sino aumentar las excitaciones humanas del sentimiento, de forma que se olvidan los elevados dones. A este estado los antiguos lo llamaban el castigo por haber abandonado la naturaleza celeste.

Vino el maestro a este mundo cuando fue su momento. Salió el maestro de este mundo cuando se cumplió su tiempo. Quien espera su tiempo, y está pendiente de que se cumpla, sobre él, ni la alegría ni el luto tienen ya poder. A este estado le llamaban los antiguos el desenlace de Dios.

Lo que vemos terminarse es solamente la leña. El fuego sigue ardiendo. No conocemos que ha concluido».

Esta historia, que precisamente aproxima a Lao Tsé y su modo de ser al carácter europeo, es muy adecuada para acallar las dudas acerca de la existencia histórica de Lao Tsé, dudas que a veces surgen de nuevo. Sirve, asimismo, para acreditar en su existencia histórica la circunstancia de haber dejado un hijo que, en la época de los imperios en lucha, ocupaba en el Estado Ve una influyente situación militar. Aun cuando la familia de Lao Tsé, hasta la actualidad, no posee un árbol genealógico tan irreprochable como la familia de Confucio, tenemos noticia de que existieron descendientes durante algunas generaciones. Sólo tras el transcurso de varios siglos desaparecieron sus huellas.

CAPÍTULO II

EL *TAO TE KING*

Bajo la autoría de Lao Tsé poseemos una colección de aforismos –precisamente la que, según la tradición de la dinastía Han, fue compuesta, al abandonar Lao Tsé la región central, por consejo del guardián de frontera, en el paso de Hanku–. Pero se ha dudado de la autenticidad de esta obrita. No obstante, los pensamientos que se incluyen en ella demuestran que tuvo influencia ya en época muy temprana. Ya se ha dicho que una de sus frases se citó de manera literal en las conversaciones de Confucio. Hay que tener también en cuenta, en este sentido, a los filósofos Tschuangtsé y Liatsé, Hanfetsé y Huainantsé.

Tschuangtsé, el artista más destacado y el pensador más audaz de su época, vivió alrededor de 335-275 a. C. Su doctrina no puede comprenderse sin Lao Tsé como precursor. En todos los puntos principales se hallan las bases establecidas por este maestro. Verdad es que también guarda relación con la escuela confuciana; pero siempre va trazando las líneas de unión que conducen de Confucio a Lao Tsé. No son sólo las ideas fundamentales las que señalan la influencia de Lao Tsé, sino que también se encuentra un gran número de citas literales. Sin duda, en Tschuangtsé se hallan manifestaciones que se atribuyen a Lao Tsé, pero que no se encuentran en el *Tao Te King*. Para explicarlo, hay que suponer, o bien que Tschuangtsé conoció las sentencias de Lao Tsé por otros medios –y una tradición señala una escuela de Lao Tsé que partiría del guardián de la frontera de Hanku, Yin-Si–, o que al *Tao Te King*, tal y como lo conocemos, le falta algo. En apoyo de esta suposición, existe una serie de indicios.

Mientras que Tschuangtsé se trata, sin duda, de un filósofo histórico, la cuestión, en lo que se refiere a Liatsé, es muy difícil. Los investigadores chinos modernos ven en la obra que hoy se conserva bajo su nombre, casi sin excepción, una falsificación de una época posterior; a lo sumo, podrían exceptuarse los capítulos sobre el pesimista Yang Tschu, citado y combatido también por el confuciano Mongtsé. Tschuangtsé menciona a un filósofo llamado Liä Yü K'ou, lo cual, naturalmente, no demuestra que el libro que circula bajo su nombre provenga en realidad de él. De todos modos, el libro de Liatsé contiene una serie de materiales, en parte valiosos, que no se han conservado, por lo demás, en ningún otro escrito; del mismo modo, las imágenes comunes con Tschuangtsé están, en gran parte, en una forma que, ateniéndonos a la crítica del texto, parece anteceder a la forma de Tschuangtsé; porque no hay que olvidar que en las obras que hoy conocemos bajo el nombre de Tschuangtsé, sobre todo en la parte media y también hacia el final, se encuentra una gran número de fragmentos apócrifos. Si pudiésemos situar realmente el texto de Liatsé antes del de Tschuangtsé –al menos en parte, porque muchas cosas son, sin ninguna duda, muy posteriores–, entonces este proporcionaría un testimonio más para toda una serie de pasajes del *Tao Te King*. Sin duda, existen algunas divergencias con el texto del que hoy disponemos. Así, por ejemplo, el sexto capítulo del *Tao Te King* se considera que procede de los protocolos de Huangti.

Con Hanfetsé (que falleció en 233 a. C.) pisamos ya un terreno firme. En dos capítulos intenta explicar e interpretar con detenimiento algunos fragmentos de Lao Tsé. En ellos, trata de veintidós pasajes del actual *Tao Te King*. Aun cuando las explicaciones algunas veces son bastante remotas, Hanfetsé tiene mucho interés, porque nos proporciona una idea del texto en su época, estado que difiere en gran parte del actual.

Lü Schï Tschʼun Tsʼiu, la obra de los sabios que estaban alrededor de Lü Pu We, el gran financiero de la casa de Tsʼin (fallecido en 237 a. C.), habla también en muchos fragmentos de la existencia de Lao Tsé.

Huainantsé, contemporáneo del historiador Sï-Ma Tsʼiän, se suicidó en el año 122 a. c. después de haber fracasado en su intento de alcanzar el trono del imperio. Del mismo modo a lo que en su tiempo hizo Lü Pu We, había reunido en torno a él una serie de sabios que publicaron un compendio de la ciencia taoísta de la magia y de la vida. En el libro 12 de esta obra se encuentra también una explicación de cuarenta y un capítulos diferentes de Lao Tsé. Ya se ha dicho en repetidas ocasiones que Sï-Ma Tsʼiän proporciona una breve biografía de Lao Tsé.

La inmensa cantidad de testimonios semejantes, que se encuentran en los cuatro siglos posteriores a Lao Tsé, y que provienen de una época de vida científica e investigación histórica intensas, época iluminada por la luz histórica, ofrecen motivo suficiente para suponer, no sólo que Lao Tsé en realidad existió, sino que también dejó una colección de aforismos que no puede haber sido muy diferente del *Tao Te King*.

Verdad es que el nombre de *Tao Te King* («El libro clásico de la ley cósmica y de la vida») no se encuentra en la época más antigua. Sin embargo, la obrita parece haberse dividido ya bastante pronto en dos partes, que, por sus palabras iniciales, se denominan *El libro del Tao* y *El libro del Te*. Ya Sï-Ma Tsʼiän menciona la división en la primera y segunda partes. Las ediciones más antiguas, a las que se retrotrae el texto actual, son los dos comentarios de Vang Pi (226-249 d. C.) y Ho Schang Kung. Es conocida la figura del malogrado Vang Pi, que se dedicó a hacer una interpretación detenida del *Libro de las mu-*

taciones. Pero nadie sabe quién fue Ho Schang Kung. Ho Schang Kung no es un nombre de persona, sino que significa «el hombre junto al río», lo que hace referencia a su vida a orillas del río Amarillo. Su personalidad nos permite entrar en los jardines mágicos de la leyenda histórica posterior. En su edición se encuentra ya la división en ochenta y un capítulos, que ya se encuentran en las ediciones modernas. Esta división es, en gran parte, más arbitraria aún que la división del texto bíblico en capítulos y versículos. Lo mejor es prescindir de esta división en la lectura, y reunir, según su sentido, los aforismos, breves o extensos, que constituyen el librito. Hay diferentes ediciones críticas chinas que han seguido esta nueva división.

Con la dinastía Han, floreció, en primer lugar, el taoísmo mágico, que tiene muy poco que ver con Lao Tsé, aun cuando éste fue cada vez más estimado como mago y como sabio, para ser considerado al fin como un ser supremo que se había reencarnado en las épocas más diversas. Después de todo, esto procede del estudio de las doctrinas filosóficas de Lao Tsé, principalmente de la época de los Tang y en los siglos precedentes. Entonces las obras taoístas consiguieron su título honorífico, y la obrita de Lao Tsé se consideró «King», es decir, un «documento clásico».

La familia imperial de la dinastía Tang tenía como nombre familiar Li. Llegó a creerse descendiente de Lao Tsé, con lo cual, naturalmente, recayeron nuevos honores en el viejo maestro. Pero también fue completándose la tradición histórica. La biografía de Lao Tsé, proporcionada por Sï-Ma Ts'iän gracias a sus relaciones históricas, se situó a la cabeza de todas las biografías. También se modificó el texto, y el nombre honorífico de Lao Tsé fue Po Yang, quien, al comienzo de la época de los Tang, todavía no estaba en el texto de Sï-Ma Ts'iän (véase Lu Te Ming). A Po Yang es a quien se le atribuyen las conversaciones del Estado (Kuo Yü); y como a Lao Tsé se le consideraba un inmortal que se manifestaba a voluntad tanto en un sitio como en otro, la denominación resulta adecuada. Es natural, asimismo, que se hiciesen variaciones y que aparecieran repeticiones en el texto del *Tao Te King*, debido a su división en capítulos. El *Tao Te King* no ha escapado del todo a la suerte de las viejas obras chinas. Un antiguo manuscrito Tang, que contiene los capítulos 50 a 81, demuestra que entonces el texto difería, en cuanto a forma, bastante del actual, aun cuando apenas se encuentran variantes que impliquen un cambio de significado.[1] Hasta en la edición de la gran biblioteca manuscrita de inicios de la época Ming, conocida con el nombre de *Yung Lo Ta Tiän*, y que, por desgracia, fue pasto de las llamas en su mayor parte durante las revueltas de los bóxer, se encuentran todavía reseñas del texto del todo independientes.

En lo que se refiere a las traducciones del *Tao Te King* a lenguas occidentales, éstas no aparecen tan pronto como las de Confucio y Mencio. Éste es también el motivo por el que Lao Tsé no tiene, como aquellos filósofos, un nombre latinizado. Pero lo que se omitió en un primer momento, puesto que los antiguos misioneros jesuitas que hicieron las primeras traducciones del chino se movían siempre dentro del terreno ortodoxo-confuciano, fue enmendado más adelante. El radicalismo de Lao Tsé, sus paradojas, el estilo aforístico y, a menudo, brillante de su expresión, producen una estimulante impresión. Además, en él no existen las alusiones históricas que con tanta frecuencia se hallan en las obras chinas, lo que respondía al gusto europeo de los últimos decenios.

En inglés y francés hay una serie de traducciones del texto original. Entre ellas encontramos una, a cargo de Paul Carus,

---

1. Estas variantes, muy interesantes desde el punto de vista de la historia del texto, están publicadas en Li T'ai Fen, *Tschung Kuo Schï Kang*, tomo I, Pekín, O. J.

en Chicago, de 1898, en la que no sólo se proporciona una traducción, sino que también se ofrece un diccionario, en el cual se cita cada palabra con su pronunciación y su significado. De esta forma parece que el texto resultaba accesible aun para quien no supiese chino, ya que el lector podía cerciorarse del sentido, palabra por palabra. Pero esto es, naturalmente, un error; porque este vocabulario contiene ya *in unce* la interpretación subjetiva del autor.

De las numerosas traducciones alemanas, en las que ciertos pensadores audaces «repiensan» en alemán los pensamientos de Lao Tsé –algunos, en sus prefacios, llegan incluso a considerar que el conocimiento de la lengua china es un obstáculo para comprender a Lao Tsé–, no hay ninguna que parta del texto original. De las ediciones completas, que todavía hoy están al alcance de la mano y que se centran en una comparación con el texto original chino, se pueden mencionar solamente las siguientes:

* Víctor von Strauss und Torney, *Laotse's Tao Te King*, Leipzig, 1870; reimpresión de la editorial Asia Major, 1924.
* Richard Wilhelm, *Laotse, Taoteking, das Buch des Alien vom Sinn und Leben*, Jena, Eugen Diederichs, 1911.
* Julius Grill, *Laotses Buch vom höchsten Wesen und vom höchsten Gut*, Tubinga, 1910.
* H. Haas, *Weisheitsworte des Laotsé*. (Sentencias de la sabiduría de Laotsé.) Leipzig, 1920.
* De Groot, en su *Universismus*, ha reproducido diferentes fragmentos según comentarios chinos que, hasta ahora, no se habían tenido en cuenta en Europa. Por otra parte, en trabajos científicos, también se hallan traducidas partes más o menos extensas.

II. LAS DOCTRINAS DE LAO TSÉ

CAPÍTULO III

EL *TAO*

El deísmo chino antiguo había enseñado que en el cielo hay un Dios del que depende por completo el mundo y que premia a los buenos y castiga a los malos. Este Dios tenía conciencia humana, toleraba a su alrededor a los santos elegidos, como el rey Ven podía montar en cólera y castigar a los hombres cuando eran malos; pero acababa por perdonarlos y se apiadaba de ellos cuando su sacerdote y representante, el Hijo del cielo, se purificaba a su debida manera y se acercaba a él con algunos sacrificios. Además de este padre en el cielo, al cual se le unía la tierra en calidad de madre, aunque sin menoscabar nunca el pensamiento fundamental monoteísta, había una cantidad de espíritu de la naturaleza y de los antepasados, que aun dependiendo todos ellos del cielo, tenían, sin embargo, a su cargo ciertas esferas particulares, del mismo modo que los funcionarios se encontraban bajo las órdenes del rey.

Esta concepción religiosa había fracasado bajo el formidable empuje de los acontecimientos, que eran sencillamente terribles y no permitían creer en la existencia de un Dios del cielo que interviniese a favor de los pobres hombres, atormentados aunque inocentes. La filosofía china con Lao Tsé comienza extirpando de manera radical el *antropomorfismo* de la religión. Ni el cielo ni la Tierra tienen sentimientos humanos de amor. Para ellos, todas las criaturas son sólo como los perros de paja destinados al sacrificio. Antes de ser expuestos en las fiestas de los sacrificios, estos perros de paja son colocados en un cofrecillo, rodeados de encajes. El sacerdote de los muertos ayuna y se purifica para ofrecerlos. Pero una vez que han sido expuestos, son lanzados a la vía pública para que los caminantes les pisen la cabeza y el lomo, y para que quienes recogen el ramaje los reúnan y quemen. Lo mismo ocurre con la relación que media entre la naturaleza y las criaturas vivientes: mientras dura su tiempo, encuentran, como es natural, puesta la mesa de la vida y todo está preparado para su uso. Pero tan pronto como pasa su hora, son arrojadas y pisoteadas, y la corriente de la vida sigue su curso sin preocuparse de ellas.

Sin embargo, Lao Tsé está muy lejos de considerar el curso de la naturaleza como algo accidental y desordenado. No es ni escéptico ni pesimista. No se limita a atacar la religión popular, sino que ofrece, en su lugar, algo que pueda sustituirla por ser más elevado y conducir más lejos, ya que en la vieja *sabiduría del Libro de las mutaciones* aprendió que la esencia del mundo no es un estado estático-mecánico. El mundo está en un perpetuo cambio y mutación. Todo lo que es, precisamente por ser, está sometido a la muerte; porque si el nacimiento y la muerte son términos opuestos, están, sin embargo, de manera necesaria, ligados entre sí. Pero aunque perece cuanto ha sido, no obstante, no existe motivo alguno para decir: «Todo es completamente vano»; porque el mismo *Libro de las mutaciones* demuestra también que éstas se realizan según unas leyes fijas. El *Libro de las mutaciones* alberga la idea de que el mundo de los fenómenos descansa sobre una oposición polar de fuerzas: lo creador y lo receptor; el uno *y* el dos; la luz y la sombra; lo positivo y lo negativo; lo masculino y lo femenino. Todas ellas son manifestaciones de las fuerzas polares que producen el cambio y la mutación. Porque estas fuerzas no debemos imaginarlas como principios primarios en reposo. La concepción del *Libro de las mutaciones* está muy lejos de cualquier dualismo cósmico. Al contrario, estas fuerzas se encuentran en mutación perpetua. El uno se divide y se convierte en dos; el dos se reúne y se torna uno. El elemento creador y el receptor se juntan y engendran el mundo. Así, Lao Tsé afirma que el uno engendra el dos, el dos engendra el tres y el tres engendra todas las cosas. En el *Libro de las mutaciones* esto está representado de manera que la línea indivisa de lo creador y la línea dividida de lo receptor se reúnan en los ocho signos primarios, que son de tres grados y con cuyas combinaciones se construye el universo de las posibles constelaciones del tiempo.

Pero Lao Tsé extrajo también del *Libro de las mutaciones* la idea de que este cambio de todos los fenómenos no es una casualidad ciega. En el *Libro de las mutaciones* se habla de una triple mudanza: 1.º De una transformación cíclica, como la representada por el cambio de las estaciones del año. Un estado pasa a convertirse en otro estado, pero en el curso de este cambio reaparece el estado inicial. Así, al invierno le sigue la primavera, el verano y el otoño, pero al otoño le vuelve a seguir de nuevo el invierno, y se cierra el ciclo de las mutaciones. Transformaciones de esta índole son los procesos cósmicos de la salida y la puesta del sol en el curso del día y del año, el crecimiento y la mengua de la luna, la primavera y el otoño, el nacimiento y la muerte.

2.º El segundo tipo de transformaciones es la evolución progresiva. Un estado progresa hacia otro estado, pero la línea nunca vuelve sobre sí misma, sino que el progreso y el desarrollo van siempre avanzando con el tiempo. Así, los días de un hombre, a pesar de incluirse en el gran ciclo de las estaciones, no son todos iguales, sino que cada uno contiene la suma de los sucesos precedentes más los nuevos sucedidos a lo largo del día.

3.º Finalmente, la tercera es la ley inmutable que actúa en estas mutaciones. Ésta hace que todos los movimientos se manifiesten de una forma determinada. Cuando consideramos los fenómenos entre el cielo y la Tierra, entonces ejercen sobre el hombre como un aplastamiento por su magnitud e ímpetu arrolladores y por su caótica diversidad y pluralidad. Dice aquella ley que el principio de lo creador es la fuerza activa, que actúa en el tiempo. Cuando esta fuerza entra en acción, entonces lo hace, por de pronto, de un modo suave e imperceptible, de manera que todo puede dominarse con la mirada. De lo fácil y mínimo se desarrolla luego lo grave y lo formidable. El elemento receptor es el principio de la movilidad espacial. Cuando reacciona ante los estímulos de lo creador, entonces toda transformación en el espacio es sencilla y gradual, de suerte que puede conocerse sin confusión alguna. Sólo en el curso ulterior es cuando este sencillo y paulatino cambio va creciendo hacia la confusa pluralidad de las impresiones. Por eso lo esencial es conocer el germen en todas las cosas. Hay que comenzar aquí si se quiere actuar, del mismo modo que todos los efectos en la naturaleza van ascendiendo de lo sencillo a lo difícil. Porque en todas estas leyes se trata, no de una necesidad impuesta desde fuera, sino de una cosa viva, inmanente, orgánica, que actúa por sí sola en libertad, según la ley propia de la entelequia.

Lo que, a fin de cuentas, sirve de base a estas transformaciones es el gran *polo* (T'ai Ki), la unidad más allá de toda dualidad, de todo suceder, de toda existencia. La índole de las transformaciones se produce por una vía fija y llena de sentido (Tao), la vía del cielo (T'iän Tao), a la cual corresponde en la tierra la vía del hombre (Yen Tao). Porque el fundamento continuo del *Libro de las mutaciones* es que existe una relación y una armonía generales entre el macrocosmos y el microcosmos, entre las imágenes que el cielo envía a la Tierra y las ideas culturales que plasman los santos en su imitación.

Todavía se hace patente en el *Libro de las mutaciones* cómo, en la concepción de la vía del cielo y la vía del hombre, trasluce la base astronómico-astrológica propia de la religión china. Estas ideas se encuentran desarrolladas ampliamente en la filosofía de Confucio. Pero también Lao Tsé edifica su filosofía sobre ellas. Porque Lao Tsé posee una filosofía, aun cuando no ha dejado más que algunos aforismos; éstos contienen un sistema estrictamente cerrado, que se revela a quien consigue abarcar sus relaciones.

Lao Tsé busca, en primer lugar, un principio fundamental para su concepción del mundo. El confucianismo se había detenido en el cielo. Éste era para él un ser pensado de forma personal. Verdad es que lo había imaginado más alto y más puro que el Dios de la religión popular, Schangti, el cual ostentaba, en parte, rasgos en gran medida antropomórficos. Pero Confucio, en los momentos de suma tensión, había hablado siempre de tal suerte que se advierten con claridad sus relaciones religiosas con el cielo, que le «conoce», que le ha confiado la transmisión de la cultura y al que puede rezar el hombre cuando sufre crisis interiores. Para Lao Tsé, el cielo no era lo supremo y lo último. Lo supremo y lo último estaban por encima de la personalidad y aun por encima de todo ser perceptible y definible. No era un algo junto a otras cosas o por encima de ellas. Pero tampoco era una nada, sino que era algo que escapa por completo a las formas humanas del pensamiento.

Para una cosa semejante no hay, como es natural, nombre alguno, porque todos los nombres provienen de sucesos, pero ese algo es lo que hace posible cualquier suceso. Sólo para poder hablar de ello, acabó por llamarlo *tao,* por necesidad, porque no disponía de un término mejor; y lo ha llamado *grande.* Con esto aceptó y transformó una expresión que ya existía. El tao del cielo y el tao del hombre eran conocidos desde mucho tiempo atrás, pero no, en cambio, el tao absoluto. Tao quiere decir «camino». Sin embargo, en Lao Tsé no puede traducirse por «camino» o «sendero». En chino hay dos palabras que significan «camino». Una es *lu*. Se escribe con la combinación de los símbolos para expresar «pie» y «cada cual». Son las huellas de los pies; el camino se produce justamente por ser hollado por todos. Esta expresión podría tal vez usarse en sentido figurado, por ejemplo, para el concepto moderno de la ley natural, que se considera vigente en cuanto los sucesos acostumbran a moverse en su dirección. La otra palabra para camino es *tao*. Se escribe con la combinación de los símbolos para «cabeza» y «marchar». Resulta de esta suerte una significación en esencia diferente de la palabra *lu*. Significa la vía que conduce a un objetivo, la dirección, el camino marcado. Quiere decir también, al mismo tiempo, «hablar» y «conducir». Parece que este signo se empleó en un primer momento para las órbitas astronómicas de los astros. El ecuador se llama desde tiempos remotos «el camino rojo», y la eclíptica, «el camino amarillo». Pero estos caminos no son casuales. Tienen una significación, un sentido. Y así es como Lao Tsé emplea el vocablo. El *tao* no es nada espiritual ni material, pero de él proviene todo sentido. Es el último elemento libre, que se rige sólo por sí mismo, al mismo tiempo que todo lo demás recibe su sentido de algo que está fuera: el hombre, de la tierra; la tierra, del cielo; el cielo, del *tao*.

Cuando Lao Tsé habla del *tao* tiene gran cuidado de apartar todo lo que pudiera recordar una existencia, con independencia de la que fuera. El *tao* está en un plano por completo diferente de todo lo que pertenece al mundo de los fenómenos. Es antes que el cielo y que la Tierra; no puede decirse de dónde proviene, y es aún antes que Dios. Descansa sobre sí mismo; es invariable; se encuentra en un ciclo perpetuo. Es el principio del cielo y de la Tierra, es decir, de la existencia temporal y local. Es la madre de todas las criaturas; otras veces es el antepasado de todos los seres.

Hace referencia a un antiguo proverbio en el que se le compara con el espíritu del valle desierto, con la misteriosa feminidad que fluye sin interrupción como una cascada, como si perdurase, y cuya puerta misteriosa es la raíz del cielo y de la Tierra. Esta concepción descansa seguramente sobre una antigua sentencia mágica destinada a conjurar el espíritu del signo K'an ☵. Este signo es uno de los ocho signos primarios del *Libro de las mutaciones*. Significa la Luna y el agua celeste que fluye entre escarpadas orillas. Es lo oscuro misterioso, lo peligroso, lo insondable, la suma sabiduría movediza, lo inagotable. Hace muchísimo tiempo se imaginó como femenino. Sólo al final del segundo milenio se consideró masculino. Está en el norte o en el oeste, siempre sobre la mitad oscura del círculo. Su símbolo en el cielo estrellado es el guerrero sombrío, misteriosa combinación de la serpiente y la tortuga. Sin duda, en tiempos antiguos, la magia negra iba unida a este símbolo. Liätsé cita el proverbio como extraído de las obras de Huangti. También es posible que lo citase Lao Tsé, porque hay bastantes citas en el *Tao Te King*. Para Lao Tsé, en esta sentencia había ciertos rasgos que concuerdan con lo que él entiende por *tao*, de manera que la utilizó como símil. Por lo demás, también compara el *tao* con el agua, que es tan poderosa porque reside abajo y en lugares por lo general despreciados; o bien en el valle, en el mar y en las profundas corrientes se puede hallar una semejanza con el *tao*, pues todas estas cosas se mantienen en la parte baja y pueden recibir toda el agua que en ellas penetre, sin llenarse ni rebosar. Ya que también el *tao* está vacío y no se llena jamás.

Aun cuando se le niega existencia al *tao*, no por eso es sencillamente nada. Porque de nada, nada puede surgir. El *tao*, de hecho, no es ni temporal ni espacial; no se le mira, no se le ve; si se le escucha, no se le oye; si se le agarra, no se le siente. Pero en este *quid* intemporal e inespacial hay, en cierto modo, dispuesta una diversidad. Porque, aun cuando no se vea, escuche ni sienta nada, hay, sin embargo, algo en el *tao* que corresponde, como unidad, a estas diversidades de los sentidos: figuras, imágenes, pero informes y sin cosas. En el *tao* no puede distinguirse ni cabeza ni espalda. Con frecuencia parece que está ahí; pero enseguida vuelve a retirarse al no ser. Está, pues, en un plano más allá del ser y del no ser. No es nada real, porque entonces sería una cosa junto a las otras cosas; pero tampoco es tan irreal que las cosas reales no puedan salir de él. Por eso no es posible decir nada directamente sobre el *tao*. Todo lo que se diga directamente será erróneo, porque está más allá de todo lo predicable. Por eso, Lao Tsé se esfuerza una y otra vez en limitar sus expresiones. Habla en símiles. Afirma: «parece», «puede llamarse», «es como», «es próximamente como»...; en una palabra, todas las denominaciones que emplea son indeterminadas, limitadas. Porque el *tao* no puede conocerse ni saberse. Todas las expresiones son sólo alusiones a una vivencia inmediata que no puede describirse con palabras.

Justo por eso, el término *tao* no es un concepto. La vivencia que con él se designa supera todos los conceptos, porque es inmediata. Tampoco es objeto de estudio. Quien lo conoce no habla de él, y quien habla de él no lo conoce. Cuanto más se describe y se quiere definir, tanto más nos apartamos de él. Por eso, el camino hacia el *tao* es opuesto al del aprendizaje. Por el aprendizaje acumulamos experiencias y adquirimos cada vez más, conforme más avanzamos. En cambio, cuando nos dedicamos al *tao* se reducen cada vez más las experiencias conscientes de que disponemos, hasta llegar a no hacer nada. Si se cultiva no hacer nada, entonces nada queda por hacer. Todo se hace entonces por sí mismo.

Siendo así, Lao Tsé sabe muy bien que en su *tao* no se trata de conquistas científicas de ninguna clase. Los hombres superiores, cuando oyen hablar de él, obran en consecuencia. Los hombres de menor valía dudan: tan pronto se sostienen en él como lo pierden. Los vulgares ríen a carcajadas. Y si no ríen a carcajadas es que no era el verdadero *tao*.

Si queremos saber lo que Lao Tsé entendió por *tao*, habremos de dirigirnos hacia las vivencias místicas para llegar a comprenderlo. Es una concepción análoga a la que encontramos en el budismo Mahayana. Por medio de la concentración y la meditación se llega al estado de *Samadhi*, en el cual el alma se sale de la conciencia y se sumerge en la esfera de la hiperconsciencia. Estas experiencias, cuando son auténticas, conducen a profundidades del ser, que rebosan del mundo de los fenómenos. La forma exterior de estos sucesos se conoce por determinados procesos de la parapsicología y ha sido objeto de investigaciones científicas. Pero la vivencia del *tao* nunca puede ser objeto de investigación científica. Se trata de un fenómeno primitivo en el sentido supremo, que sólo podemos admirar, llenos de reverencia, pero que no podemos ni deducir ni sondear. Es algo idéntico a lo que sucede con todas las vivencias inmediatas. Cuando, por ejemplo, tengo la sensación de amarillo o de azul, es posible que puedan investigarse en el ojo los procesos con que esta sensación se produce –por más que aquí la hipótesis conserve un amplio margen–; pero sobre la sensación misma, nada se dice con ello. Y nunca se conseguirá dar un concepto de ella a quien no tenga esta vivencia. Lo mismo ocurre con el *tao*. La parapsicología no puede ayudarnos a obtener su vivencia. Hay que haberla sentido para comprenderla. Pero cuando alguien dispone de una vivencia adecuada, entonces comprende de inmediato las explicaciones de Lao Tsé, y éstas podrán seguir ayudándole en su camino.

Lao Tsé atribuye al *tao* no sólo una significación psicológica, sino también cósmica. Tiene razón para hacerlo así, en cuanto que el cosmos no es una cosa objetiva y que existe con independencia de ser vivido. Todo organismo tiene su mundo circundante según las herramientas creadoras de que dispone para ello. Al concebir Lao Tsé su *tao* sin estar determinado de ninguna manera ni en ninguna parte, con ello proporciona las condiciones para toda vivencia y también para todo cosmos. Porque cualquier vivencia está basada en una atribución de sentido, y el *tao* es justo el sentido, que presta su significación a todo lo que es, y, por tanto, despierta a la existencia todo cuanto es. El *tao* engendra todo lo engendrado, pero nunca se manifiesta en la experiencia como aquello que engendra lo engendrado. Lao Tsé no hace sus afirmaciones sobre el *tao* tan sólo como afirmaciones apodícticas. No puede, ciertamente, aducir pruebas por la naturaleza misma de la cosa, pero indica los caminos por los cuales se puede llegar a la vivencia del *tao*. Estos caminos se señalarán más adelante. Por de pronto, es importante que pasemos del mundo metafísico y metapsíquico al mundo de los fenómenos.

CAPÍTULO IV

EL MUNDO DE LOS FENÓMENOS

La esencia, el *tao* está en realidad extendido como mundo del fenómeno. Este mundo puede ser objeto de la investigación científica, porque en él se encuentran las cosas cuya existencia ofrece la posibilidad de una denominación conceptual. Pero el mundo de la realidad no es diferente del *tao*. Lao Tsé está muy lejos de sostener una teoría que conciba el mundo terrestre como emanación de un mundo superior. Porque el mundo del *tao* no es la unidad abstracta, sino que, como hemos visto, hay diversidades. En el *tao* hay imágenes, cosas, gérmenes. Sin duda, estas imágenes no son representaciones aisladas, sino que están en potencia dispuestas en el *tao* único. Pero estas cosas e imágenes son las que, como energías germinantes, condicionan la realidad de los fenómenos, que se encuentran en nuestro mundo.

Para comprender lo que Lao Tsé quiere decir con estas imágenes, hay que echar mano de la doctrina platónica de las ideas. Claro está que existe la diferencia de que la teoría de las ideas no se desarrolla en Lao Tsé de un modo dialéctico. No es una abstracción de ningún género la que conduce a sus pensamientos; una contemplación primaria que proviene de profundidades íntimas es la que le muestra aquellas «imágenes». Éstas son incorpóreas, inespaciales. Son como las imágenes fugaces sobre la clara superficie de un espejo. Estas imágenes de las cosas son las semillas de la realidad. Del mismo modo que en la simiente está contenido el árbol, impalpable e invisible, pero perfectamente inequívoco como entelequia, así están contenidas las cosas de la realidad en estas imágenes-semillas. A veces resaltan y se desarrollan de una manera estrictamente determinada, porque estas semillas son auténticas, en ellas se funda la regularidad del suceder; nunca ocurre que de una semilla de una clase salga un ejemplar de otro tipo. Pero aunque surgen en esta forma, nunca se petrifican en el ser; vuelven de nuevo al estado de no cosa y dejan muerta y vacía la cáscara de los fenómenos, que animaron antes. Sin embargo, la vida no ha muerto aun cuando sean arrojados y pisoteados los «perros de paja» de los fenómenos. En esta teoría de las ideas de Lao Tsé, vemos un desenvolvimiento de la teoría de los gérmenes, tal como está contenida en el *Libro de las mutaciones*. Lo que allí se llama germen, del cual, por ley fija de las mutaciones, se desarrolla una serie sucesiva de procesos, en Lao Tsé es la imagen que, como ley inmanente e invisible, dirige el devenir y el perecer de las cosas de la realidad.

Lao Tsé nos ofrece una notable derivación de este suceder ya mencionado, también en conexión con el *Libro de las mutaciones*, cuando dice que el uno engendra el dos, el dos engendra el tres y el tres engendra todas las cosas. Aquí está desarrollado el proceso de la posición. Poniendo al uno como resolución, como frontera, como línea o cualquier otra cosa, lo otro, lo que no es uno, surge simultáneamente. Por aparición del uno aparece el dos. Pero al unirse el dos al uno se forma el tres. Este tres constituye entonces una unidad de índole más amplia, que encierra ya en sí una diversidad. Más allá el proceso no puede continuarse sin acabar en una pluralidad. Por eso se dice que el tres engendra todas las cosas.

Para comprender esta especulación, basta recordar el neoplatonismo en la filosofía antigua. También la antigua especulación cristiana sobre la trinidad, cuyo desarrollo hasta cuatro engendra a Lucifer, está emparentada con este pensamiento. Incluso en la época moderna se encuentran concepciones semejantes. El movimiento dialéctico de Hegel, que consta de tesis, antítesis y síntesis, siendo la síntesis, a su vez, como tesis, punto de partida de la continuación, descansa exactamente sobre la misma concepción expresada por Lao Tsé.

Estas dos fuerzas primitivas, de las cuales nace como tercera el mundo visible, son el cielo y la Tierra, el yang (la fuerza luminosa) y el yin (la fuerza oscura), serie positiva y serie negativa, lo temporal y lo espacial; en pocas palabras, las oposiciones de donde cada vez sale cuanto aparece. Cielo y Tierra se comparan con un instrumento de música, una especie de flauta en la que se sopla. El instrumento mismo está vacío, pero el soplo hace surgir de él sonidos tanto más variados cuanto más se sopla. Todas las melodías infinitas brotan en una serie ininterrumpida, pero están sujetas al instrumento que, por su parte, no es sonido. La flauta es la Tierra y el soplo el cielo. Pero ¿quién pone el soplo en movimiento? ¿Quién es el gran flautista que hace brotar de la flauta mágica el variado mundo? Es, en última instancia, el *tao*.

No le sirve de base ninguna causa externa, sino que con libertad va surgiendo de su propia esencia más íntima.

El *tao* ocupa en el mundo de los fenómenos una posición doble. Da existencia a las semillas de las ideas, y en esa existencia se desarrollan las cosas que están extendidas en el espacio y en el tiempo. Es el gran flautista con su flauta mágica. Es el antepasado de todas las criaturas, la raíz del cielo y de la Tierra, la madre de todas las cosas. Tiene, así, un lado orientado a la existencia. Pero si alguien le quisiera asir, contemplar o escuchar, no sería posible. Se retira de nuevo en el no ser, donde es inasequible y eterno. Porque todas las cosas bajo el cielo surgen del ser. Pero el ser nace del no ser y vuelve al no ser, al que nunca deja de estar radicalmente unido. Porque este *tao* «que no es» es la fuerza motriz de todo lo que se mueve en el mundo de los fenómenos. La función, el efecto de todo ser, descansa en el «no-ser». La realidad es, por así decirlo, sacudida por los espacios vacíos, haciéndose así utilizable, como el cubo de una rueda por no ser «nada», esto es, por estar vacío, hace que las ruedas del vehículo giren, o como los recipientes o los aposentos resultan utilizables por la «nada» que hay en ellos; esto es, por estar vacíos. Así, el *tao*, en el mundo de los fenómenos, actúa precisamente por el no obrar.

Como ya hemos visto cómo surge el *tao* mediante las ideas, el mundo de los fenómenos, nos queda dar un vistazo a la teoría del conocimiento o teoría de los conceptos, tal como existe en Lao Tsé. En la filosofía china de entonces desempeña un gran papel el problema de la relación entre el «nombre y la realidad». Mientras que entre los racionalistas posteriores se extiende cada vez más el nominalismo, según el cual el «nombre» es una cosa puramente arbitraria que nunca alcanza a la realidad, la filosofía clásica de Confucio y de Lao Tsé están por completo de acuerdo en que los conceptos, los «nombres», corresponden de algún modo a la realidad o pueden ser acordados con ella, con lo que vienen a ser, así, los medios para ordenar la realidad. Resulta que para Confucio, la «exacta colocación de los conceptos» es el medio más importante para ordenar la sociedad humana; las designaciones empíricas han de ponerse de acuerdo con las designaciones racionales, y entonces se ordena la sociedad. Así, por ejemplo, en la familia, el hombre, que tiene la denominación de «padre», ha de estar conformado del mismo modo que indica el concepto racional de padre; e igualmente el hijo habrá de ser hijo y el resto de los miembros de la familia habrán de ser como corresponde a su situación; entonces está la familia ordenada. De un modo análogo tendrá que ocurrir en las demás esferas para que se produzca el orden. También esta idea proviene del *Libro de las mutaciones*. Reina en él la representación de que el cielo muestra las «imágenes», esto es, los modelos primitivos que adoptan los guías y profetas elegidos como norma de sus instituciones culturales («copias»). Así, por ejemplo, las situaciones posibles del mundo representan los signos del *Libro de las mutaciones,* y por eso de las leyes de sus mutaciones puede deducirse la índole de la mutación de las situaciones cósmicas.

En Lao Tsé se encuentra también una teoría de los conceptos. Las «imágenes» que en el *tao* se hallan en una presencia inmanente pueden ser designadas de algún modo por «nombres»; sólo que estos nombres son, por decirlo así, nombres secretos, impronunciables. No pueden nombrarse, como tampoco puede pronunciarse el *tao.* Claro que también hay nombres que pueden nombrarse; pero éstos no son los nombres supremos, eternos. De todos modos, los nombres nombrables, si están bien escogidos, se aproximan en cierto modo al «ser», incluso sólo como «huéspedes de la realidad» y no como sus señores. Por estos nombres puede también crearse de algún modo cierto orden, continuando así de alguna manera la tradición y conservando la continuidad del acaecer humano.

Así, por ejemplo, el mundo de la esencia puede llevar el nombre de «no ser», y el mundo de los fenómenos el de «ser». El «no ser» es entonces el principio del cielo y de la Tierra; y el «ser» la madre de todas las criaturas. Por lo tanto, cuando nos concentramos en el «no ser», contemplamos los secretos de la esencia; cuando nos centramos en el «ser», entonces vemos la manifestación espacial, exterior de las cosas. Pero no debe pensarse que se trata de un mundo doble, de un más acá y un más allá. La diferencia reside más bien sólo en el «nombre». El nombre de uno es «ser» y el del otro «no ser». Pero aunque los nombres sean diferentes, se trata de un hecho único: el oscuro misterio, de cuyas profundidades brotan todas las maravillas.

Pero cuando se tienen nombres nombrables, se tienen con ellos las herramientas del conocimiento. Por los conceptos que se adjudican a las cosas como nombres, tenemos el medio de fijar una cosa y de poder poner, al pensar, en vez de la cosa, el nombre; del mismo modo que en el álgebra se usan letras en vez de números y se expresan en ellas leyes en fórmulas, a las cuales deben sujetarse los números. Los nombres serán útiles mientras tengan su correlativo en la realidad, esto es, en las cosas. Pueden emplearse para definir los conocimientos. Claro está que cada definición tendrá la necesaria peculiaridad de la división. Al reconocer todos los hombres lo bello como bello, queda ya así establecido lo feo. El saber se adquiere por comparación y definición y, por tanto, está necesariamente unido al mundo de los fenómenos, que se escinde en parejas de oposiciones polares.

Pero esto todavía conduce más lejos. Como el hombre tiene en los conceptos las herramientas para conocer la realidad, también puede manejarlos, en última instancia, con independencia. Puede engendrar conceptos a los cuales en su realidad no corresponda imagen primaria alguna. Puede aislar cosas que están en distinta relación de ser, y establecer así algo que no es, como finalidad y objetivo de su aspiración. Con esto, los nombres resultan los engendradores del deseo. Con su ayuda puede no sólo determinarse lo que se tiene, sino también lo que no se tiene. Aquí reside, para Lao Tsé, el pecado original del conocimiento. Porque frente a la realidad que, al ser fenómeno y aspecto exterior del *tao*, está, sin embargo, de algún modo en relación con el *tao*, se sitúa un mundo de finalidades que no son reales, pero que son anheladas y que deben ser alcanzadas por la actividad humana. De este modo se produce el deseo de la propiedad ajena. Pero como el propietario no quiere entregar sin más esta posesión, se produce entonces una lucha y combate, y al final, robo y asesinato, y con ello, lo contrario del *tao*.

Así, para Lao Tsé, partiendo del mundo de los fenómenos, surge el mundo del mal por causa del deseo, que va unido a la existencia de los hombres. Pero con esto caen los hombres en el error. Las percepciones ya no son sólo puras representaciones en las que la voluntad calla, sino que deslumbran y seducen, y la ilusión del deseo enloquece a los hombres. El entendimiento trabaja y los conocimientos se multiplican. Pero cuanto más trabaje el entendimiento, cuanto más agudos sean los conocimientos, tanto más se aparta la humanidad del sentido. Por eso, Lao Tsé opina que no debemos dedicarnos a la cultura y a la ciencia, sino someternos de manera cándida a la armonía de la naturaleza. Frente al excesivo desarrollo de lo racional, hay que volver a la simplicidad sin nombre, al estado en que el *tao* puede todavía actualizarse cándidamente sin pretender designarlo con un nombre, y en que se restablece la unión entre la gran madre y su hijo, el hombre.

CAPÍTULO V

DE CÓMO SE ADQUIERE EL *TAO*

Lao Tsé está muy lejos de ofrecer una mera teoría de la comprensión del mundo. Quiere, además, mostrar el camino que nos salva de las confusiones del mundo de los fenómenos, y nos conduce a lo eterno. Encontrar este camino y recorrerlo quiere decir adquirir el sentido. Para la adquisición de éste hay dos caminos: por el ser y por el no ser. El que está dispuesto a encontrar el sentido en el ser considerará los fenómenos de manera que no se vea envuelto en ellos. Éstas son las formas exteriores del *tao*; todo lo que aparece es, en cierto modo, una acción del *tao*: lo alto y lo bajo, lo bello y lo feo, lo bueno y lo malo. No hay nada que no tenga su existencia por el *tao*; ni al polvo más insignificante se le niega. Pero, en vano, el *tao* buscará en la realidad del fenómeno quien tenga fines y propósitos. Cuanto más recorra el mundo tras objetivos y propósitos determinados, cuanto más cultive el anhelo o apetencia y quiera y haga algo, tanto más se embrollará en el aislamiento. Pero así llegará pronto al contrasentido, y después al término. Y no importa nada el lado por donde se aspire. Aunque se busquen goces, colores, sones, golosinas, juegos emocionantes o raros bienes: todo ello no hace más que sumirnos y embrollarnos más profundamente en la ilusión. También es ilusión querer cultivar la santidad y la sabiduría, el amor y el deber, el arte y la ganancia, la erudición y la ciencia. Porque también así se acen-

53

túa en exceso uno de los polos, lo que por necesidad hace que resalte el otro. Si todos los hombres reconocen lo bello como tal y aspiran a ello, ya con esto queda establecido lo feo. El *tao* es como un arquero que tensa el arco. Complementa la unilateralidad por su contrario. Lo alto es rebajado; lo bajo, realzado. El sentido del cielo consiste en reducir la plenitud, completar la falta.

El camino hacia el sentido a través del ser conduce, por tanto, por el reconocimiento de las oposiciones en el mundo del fenómeno. Cuanto más libre se esté de la ilusión del deseo, tanto más libre se estará del propio yo. Entonces ya no se contempla el mundo azotado por el miedo y la esperanza, sino puramente como objeto. Se ve cómo las cosas se elevan y crecen, y siempre vuelven a su raíz. Se desencadenan fuerzas formidables, como lluvias torrenciales y torbellinos tormentosos; pero un torbellino no dura ni una mañana y ya ha pasado. Se ve que las armas son fuertes pero no alcanzan la victoria, y que el árbol es también fuerte pero cae derribado. Del sufrimiento depende la dicha. La dicha está de continuo amenazada por el sufrimiento. Este conocimiento elimina el Yo. Porque este diminuto Yo, que cree que la tregua entre el nacimiento y la muerte es su vida, es el verdadero fundamento de toda ilusión. Al anhelar algo para este breve espacio de tiempo y alcanzar los anhelos por la magia del nombre –que produce el conocimiento de lo anhelado y causa al mismo tiempo el anhelo de ello[2]–, se producen todas las complicaciones que ocultan el *tao* a la conciencia. Así, el favor mismo es algo inquietante, y el honor es un gran padecimiento, y la causa de ello es la personalidad, que todo se lo refiere a sí misma. Este Yo personal ha de estar en perpetua inquietud, con independencia de que goce de clemencia o que la pierda; y lo mismo ocurre con el honor. Si se

---

2. Véase el punto de vista análogo en I, Moisés, 3.

excluye la personalidad, entonces ya no existe mal de ninguna clase. Porque el *tao* actúa con seguridad soberana, aun cuando el Yo este oscurecido por sus apetitos; y aun estos apetitos son una realización del *tao* según leyes fijas. Nada puede ser de otro modo que como es. Sólo se trata de no obstruirse el camino. De esta suerte, la representación del mundo queda pura y libre de ilusión, y el juego de la vida es contemplado con íntima quietud. Sabemos que la vida y la muerte no son sino la salida y la entrada. Cuando se sigue la ley eterna y no se permanece adherido a parte alguna, y en parte ninguna endurecido y rígido, entonces se está dentro de la corriente del *tao*, y las potencias de la muerte, que intervienen siempre que se ha solidificado algo en lo individual, no tienen ya ningún poder sobre uno.

Así, este camino, que pasa por lo exterior, por el ser, es una vía que conduce al *tao*, dilatado en el ser, cuando quien lo recorre va libre de ilusión y mira, en contemplación pura, la obra maestra de la madre eterna, que teje sus hilos y los hace brotar como chorros de una cascada, incesantes y unidos de una manera inseparable. Pero ya se sabe que el velo está vivo, que se encuentra en continua ondulación y no conoce reposo alguno, ni apetito, ni Yo, ni duración. Todo fluye.

Pero esta contemplación pura, que ve cómo trabaja en lo perecedero el sentido eterno, es solamente uno de los caminos. El otro conduce a través del no ser. Quien lo recorre llega a contemplar las fuerzas ocultas, se llega a la unión con la madre. Lo que antes no era más que espectáculo ahora se convierte en una vivencia propia. Se llega al uno indual, a la puerta oscura de la que salen cielo y Tierra, los seres y todas las fuerzas. Este camino es el de la soledad y el silencio. Se encuentran conocimientos sobre los cuales no puede hablarse con otros y que hay que venerar en silencio. Este camino del silencio conduce lejos de todo lo personal, porque lo personal es sólo el punto mortal que estimulamos al caminar por la vida. Conduce a la quietud, allí donde todo lo visible se deshace en una apariencia sin esencia. De la pluralidad conduce a la unidad. Pero para este camino es necesaria una preparación interior. Hay que preparar el alma de forma que pueda retener lo uno sin escindirse, porque éste es el criterio: cuando un sabio de la especie suprema oye hablar del sentido, entonces se adhiere a él; cuando un sabio de clase inferior oye hablar del sentido, entonces vacila, y tan pronto lo tiene como lo vuelve a perder. Pero es preciso salir de esta vacilación si se quiere conseguir la entrada en el santuario más íntimo. La unidad perfecta es lo primero. Luego viene hacer flexibles y adaptables las fuerzas anímicas. No debe quedar rigidez ninguna, como la que reina en los estados de unidad que han sido adquiridos por esfuerzo; porque la vivencia debe llegar de un modo por completo fácil y sencillo. Las fuerzas interiores deben entrar en curso, deben vencer todos los obstáculos. Hay que llegar a ser como un niño, que puede soportar todos los esfuerzos sin fatigarse, porque es blando, suelto y no rígido. Pero esta liquidación interior no es ninguna dispersión, sino que es el grado que sirve de premisa a la persistencia de la concentración. Es la descarga, que no puede fallar, porque se ha hecho segura. Sólo entonces es posible contemplar hasta las profundidades de la esencia; porque entonces el espejo del alma es puro, sin mácula, y delicado, de suerte que no quiere conservar impresión alguna, sino que va siguiendo, sin voluntad, las invitaciones de lo hondo. Experimenta ahora cómo se abren y cierran las puertas del cielo. Contempla lo invisible, escucha lo inaudible, toca lo intangible. Está más allá del ser, abajo, en lo hondo, con las madres. Es testigo de los procesos vitales secretos, y su actitud es tranquila y paciente, como la de un ave hembra empollando en el huevo el misterio de la vida futura. Y el huevo se abre. Se verifica la unión con el sentido último. El hijo ha encontrado a la madre...

Ahora acontece la gran claridad, que lo penetra todo, el gran conocimiento y salvador del uno indual.

Pero este conocimiento fomenta la posibilidad de no querer afirmar y separar los contrarios en el fenómeno, sino que éstos sean reconocidos y reunidos en una síntesis superior. Se reconoce lo masculino creador y se conserva, sin embargo, lo femenino receptor; se reconoce el honor y se permanece, sin embargo, de buen grado en la ignominia. Por eso se vive libre de todas las necesidades personales y se torna a la simplicidad primitiva. Quien reconoce su niñez y percibe a su madre (la gran madre del mundo, el *tao*) no está en peligro en toda su vida. El que cierra la boca y hace lo mismo con su puerta no tendrá penas en toda su vida. Contempla lo pequeño, conserva la flexibilidad, y por eso su persona queda libre de todo padecimiento. El que sabe conservar bien su vida en esta forma no teme ni al tigre ni al rinoceronte y puede avanzar por en medio de un ejército sin coraza ni armas. Porque no tiene punto mortal en el que pueda ser herido, porque nada en él incita a la resistencia.

A partir de este conocimiento organizará su acción. Actuará siempre sobre aquello que no existe todavía y ordenará lo que todavía no está en confusión. Porque precisamente entonces existen ya los gérmenes en lo invisible, de los que habla el *Libro de las mutaciones*. Sobre estos gérmenes hay que actuar, y entonces aquello que se ha colocado en el germen se desarrollará por sí solo simultáneamente al crecimiento de dicho germen sin que uno mismo haga nada ni actúe hacia el exterior. Esta influencia orgánica de los gérmenes es la manera decisiva de actuar de quien ha conseguido el *tao*. Lo que se planta de este modo no se desarraiga. El buen caminante no deja huellas. El que cierra bien no cierra con llave y cerrojo. Y el que sabe actuar sobre los gérmenes revela su poder oculto, en el que deja que se produzcan tranquilamente las fuerzas opuestas. Lo que se quiere comprimir hay que empezar por dejar que se extienda bien. Sólo cuando una de las fuerzas se aproxima a su agotamiento por haberse desarrollado plenamente, aparece la posibilidad de vencerla con facilidad.

Estas leyes secretas contienen, sin duda, fórmulas que pueden conducir a la magia negra, como las que han sido utilizadas por el taoísmo mágico de época posterior y por el método del jiu-jitsu japonés o por el taoísmo político de un Hanfetsé. Pero en Lao Tsé la cosa es diferente. Ve, en efecto, ante sí el mecanismo de la actuación mágica, pero no tiene ningún interés en hacer de estos conocimientos un uso mágico unilateral. Porque su grandeza consiste en penetrar en la unidad última de la armonía del mundo, en cuya muda quietud ya no existen oposiciones que puedan ser utilizadas.

Aquí se muestra precisamente la diferencia entre su camino y el del saber. El saber penetra cada vez más en el mundo, busca, investiga y acumula cada vez más hechos. Pero para conseguir el *tao* hay que profundizar más en la interioridad hasta encontrar el punto de unidad en el que cada persona entra en contacto con la totalidad cósmica. Desde este punto de vista es posible entonces la gran contemplación del ser. Sin salir de la puerta puede conocerse el mundo. Sin mirar por la ventana puede contemplarse el sentido del cielo. Quien tiene este punto de vista no camina y, sin embargo, llega a término; no mira nada y tiene claridad acerca de todo; no actúa y, sin embargo, realiza.

Vivirá, pues, como persona; pero lo personal, la máscara del Yo, no le engañará. Desempeñará su papel como los demás, pero se mantendrá alejado del tráfago de los demás. Porque se ha librado de la ilusión y sólo estima la vida que se alimenta de la madre.

CAPÍTULO VI

LA SABIDURÍA DE LA VIDA

Ahora sería el momento de hablar de la ética de Lao Tsé. Sin embargo, nada puede encontrarse en él que se parezca a una ética en el sentido de una legislación racional para obrar bien. Por el contrario, se vuelve contra la moral y contra las virtudes que predica, del mismo modo que se vuelve contra la cultura y los bienes que ésta cultiva. La moral y la cultura son para él esferas afines. Toda cultura tiene una moral que le sirve de base. Del mismo modo que la cultura se separa del terreno matriz de lo natural, también la moral se separa de él y queda condenada por ello. Esta condena es, como los ataques de Nietzsche, aforística, y a menudo se expresa en frases paradójicas, de forma que no resulta del todo fácil seguir el hilo del pensamiento de Lao Tsé, porque es un Proteo que, en mutaciones constantes, elude la tosca comprensión. Pocas palabras suyas pueden tomarse al pie de la letra y destacarse como su convicción rotunda y clara. Lao Tsé no escribió para filisteos, y hasta parece haber experimentado un secreto placer cuando éstos se reían de él.

Al buscar los motivos que le condujeron a condenar aquello que, en calidad de moral, determinaba en su tiempo las acciones de los hombres, vemos cómo se abren al unísono los caminos que ofrece Lao Tsé al buen obrar de los hombres. Lleva a la ética desde el deber hasta la naturaleza; de los hombres al *tao*; de lo artificial a lo natural y sencillo.

59

¿Por qué condena Lao Tsé la moral? Por de pronto, por su principio formal. La moral ordena. Conoce un «deber». Quiere leyes y normas. Pero con las leyes y las normas se consigue justo lo contrario de lo que se pretende. Cuanto más lucen las leyes, cuanto con más enojo se extiende el deber, tantos más ladrones y asesinos habrá, porque es ley de la naturaleza humana oponerse a toda coacción. Y la coacción moral es la peor. Por eso es la moral el más pobre y exterior de todos los motivos que se ofrecen al hombre. Combate con un sable romo y consigue lo contrario de lo que se propone. Nada obtiene con agitar los brazos y querer atraer por la fuerza a los hombres. Le falta la gracia de la naturalidad.

Así se ve que la moral florece de un modo singular en las épocas de decadencia. Cuando el comportamiento natural y bondadoso de los hombres ha dejado de ser algo natural, entonces florece el trigo de la moral. Cuando los consanguíneos se desunen, entonces viene el deber filial y el amor; cuando los Estados caen en la confusión y el desorden, es cuando aparecen los fieles servidores, porque sólo entonces son estas cosas algo extraordinario; antes no eran advertidas. Así, lo moral necesita siempre el contraste de su contrario para lucir. Como excepción es como refulge su verdadero brillo. Pero precisamente por eso se condena a sí misma.

Pero no sólo combate Lao Tsé contra el principio formal del deber y de la ley. También arremete contra el principio del contenido, contra el ideal del bien y de las virtudes. Lo bueno no es nada absoluto, es sólo un término de una oposición que se completa en pareja. Así como no hay luz sin sombra, tampoco hay bien sin mal. Cuando todos los hombres afirman lo bueno como bueno, queda así establecido lo malo. Por eso, entre lo bueno y lo malo no hay una oposición mucho más esencial que la que existe entre la alegre afirmación de «ciertamente» y la otra vacilante de «desde luego». Lao Tsé se encuentra resueltamente en una posición allende el bien y el mal. Lo absoluto está más allá de estas contradicciones del mundo; está allí donde estas contradicciones desembocan en la unidad superior.

Pero tampoco reina un acuerdo acerca de lo que es bien y lo que es mal. Según el tiempo y el lugar, resulta diferente. Como complemento a todo esto recordaremos aquí las referencias acerca de las conversaciones de Lao Tsé con Confucio, porque las manifestaciones que se le atribuyen están orientadas en el mismo sentido que las manifestaciones contenidas en el *Tao Te King*. Dice allí que la moral y las costumbres son siempre los restos de tiempos pasados, que el espíritu de los tiempos es algo que muda una y otra vez, algo que fue, algo que desaparece para no volver una vez que han muerto los señores que crearon aquellas costumbres y sus cuerpos se han podrido. Las leyes y costumbres de los soberanos de la antigüedad no eran grandes por estar de acuerdo, sino por haber procurado el orden; de igual modo que los diversos frutos pueden tener sabores diversos, aun siendo todos ellos gratos. Así, las costumbres y las leyes han de adaptarse a los tiempos, han de cambiar. No hay nada que sea bueno en todos los tiempos y en todos los lugares. Por eso, la moral es algo condicionado y no absoluto.

Pero el mayor defecto de la moral es que hace a los hombres demasiado conscientes y demasiado adheridos a ciertos fines. Por eso es algo que arrebata al hombre la inocencia de la simplicidad. Lao Tsé acepta toda una escala de empeoramientos. El que estima mucho la vida no actúa y no tiene fines. El que estima mucho el amor actúa, sí, pero no tiene fines. El que estima mucho la justicia actúa y, además, tiene fines. El que estima mucho la moral, actúa, y si no se le responde, agita los brazos y le arrastra a uno. Por eso la moral es pobreza de fidelidad y de fe, así como comienzo de confusión, y la premeditación es falsa ilusión del sentido y comienzo de necedad. Por eso la moral –y lo mismo la cultura– es un fenómeno de descomposición, una desviación de la vida auténtica y evidente de la naturaleza.

Hace también que el hombre esté falto de naturalidad y sea artificioso. El hombre tiene que hacerse gran violencia y no puede expandirse. Siempre está rígido y anda de puntillas. De este modo no se va hacia adelante. Cuanto mayor sea la consciencia de un hombre, tanto más repugnante se hará por su doblez. Para el sentido es como desperdicios de cocina o como un flemón con pus; y todas las criaturas le odian.

La moral es, finalmente, para la mayor parte de los hombres, sólo un medio para irradiar en la soberbia de su propio brillo. Lo que todos veneran, lo que el vulgo considera bueno no puede dejarse impunemente a un lado. Los hombres del vulgo se creen todos tan avisados y tan sabios, y están tan orgullosos de la pobre capa de su moral, que sólo tienen desprecio y condenación para los que se desvían.

En Lao Tsé hallamos un recodo en la historia del pensamiento chino. Anuló la ley, y así estableció la ética sobre una base completamente nueva. Confucio adoptó por completo el punto de vista fundamental de Lao Tsé. No hacer, no actuar por leyes y mandamientos es también su ideal. Lo natural, lo instintivo es también para él lo más elevado. Sólo que tiene un método diferente. Los distintos conceptos tienen en su sistema una posición por completo distinta. La costumbre, que para Lao Tsé es despreciable como cáscara externa, para Confucio es el medio de conducir al individuo hacia el bien por el suave poder de la tradición, de la opinión pública, de la moda, indicándole su posición adecuada en el conjunto del organismo humano. Confucio estima, pues, muchísimo lo natural, pero lo natural en él no es la oposición, sino la compensación armónica de lo humano. Une la naturaleza y la cultura. Lao Tsé las separa.

Si queremos saber cómo encuentra el hombre la posición que le corresponde en el gran conjunto de la naturaleza, llegaremos en Lao Tsé a un concepto que pertenece a los conceptos fundamentales del *Tao Te King*, aun cuando no tenga, ni mucho menos, la importancia del concepto del *tao*. Es el concepto del *te*. Con este concepto, en el capítulo 38, comienza la segunda parte de la obra de Lao Tsé, por lo que recibió el nombre de *Tao Te King*. La palabra *te* tiene en Lao Tsé una significación por completo diferente de la que tiene por lo general en chino. La palabra está compuesta de los ideogramas «recto» y «corazón», y significa originariamente «lo que sale del corazón, la fuerza primaria de la vida». En los comentarios chinos se define diciendo que es «lo que los seres reciben para vivir». Por lo tanto, es, en Lao Tsé, la vida en su fuerza primitiva, procedente del *tao*. Es evidente que frente al *tao*, como principio universal, significa una limitación. Es la parte que el individuo tiene en el *tao*. Esta relación podría compararse con ciertas especulaciones indias sobre Brahman como base del universo, y Atman como base del ser individual, idéntico a la base del universo. Es decir, que mientras esta palabra tiene en Lao Tsé un significado absolutamente espontáneo, de algo originario, en el chino posterior —en general en el uso no taoísta— se emplea más bien de un modo abstracto. Significa la calidad de algo que puede ser bueno o malo, y luego el carácter, que puede desarrollarse cultivándolo, y, por último, el buen carácter, el vivir virtuoso, la virtud. *Tao y te* se emplean con más frecuencia más adelante como «camino y virtud», junto con los conceptos del confucianismo «amor y justicia». No necesito decir que en Lao Tsé todavía está muy alejada la corrupción gradual de la palabra, que casi llega a la del vocablo «virtud». En lo sucesivo traducimos la palabra como «vida».

La vida en su manifestación más elevada aparece, de hecho, de un modo personal, pero la personalidad no es, a su vez, más que el recipiente cuyo contenido es el *tao*. Nada quiere de sí misma, ni siquiera se conoce a sí misma: no obra, no tiene finalidades ni propósitos, y precisamente por eso vive. Cuando este inconsciente se enturbia, desciende poco a poco hacia el amor humano, que, ciertamente, tampoco tiene finalidades de ningún género, nada «quiere», pero, no obstante, obra y actúa; luego desciende hacia la justicia, que actúa según la máxima *do, ut des*, y tiene al mismo tiempo finalidades; llega luego más abajo, a la costumbre, que actúa, y cuando no le responden, agita los brazos y le arrastra a uno. Lo mismo ocurre con los hombres que corresponden a estos grados. De los más elevados, apenas los inferiores saben que existen; los siguientes son amados; los otros, temidos, y los últimos, despreciados.

La vida no necesita aspirar a ser reconocida. Es reconocida por sí misma, porque engendra, nutre, multiplica, cultiva, perfecciona, sostiene y cubre a todos los seres. Engendra sin poseer, actúa sin retener, fomenta sin dominar; en esto reside el secreto de la vida.

Esta vida está más allá de las oposiciones dentro del mundo de los fenómenos y las reúne. Es fuerte y soberana en sí misma, pero descansa con tranquilidad en la debilidad y en la ignominia, sin intentar liberarse de ellas. Justo en esta oposición entre el tesoro y el pobre traje de quien lo posee es en lo que consiste la acción sin trabas. Porque por esta posición contiene la fuerza reunida, que de otro modo se consume por la aspiración hacia un solo lado. Esta fuerza se renueva siempre, y, sin despertar resistencia alguna, está, sin embargo, siempre en condiciones de realizar la actividad que el momento exija. El que así tiene la vida en la mano es como un niño que afronta sin miedo y con seguridad los mayores peligros y que vence sin fatiga los mayores esfuerzos.

Por eso, el que posee esta vida no tiene egoísmo alguno, nada que apetezca para sí. No tiene corazón para sí mismo, sino que hace suyo el de las gentes; es decir, hace a las gentes no sólo aquello que él desea que las gentes le hagan, sino lo que las gentes desean que él les haga. Es tan poderosa su vida que ante él desaparecen todas las oposiciones terrenales. Para los buenos, es bueno; para los no buenos, también es bueno. Porque la vida es la bondad. Para él no hay hombres perdidos. Los buenos les son útiles como maestros; los malos, como discípulos, de suerte que con ambos puede tratar, y con todos trata en su terreno. La vida aparece, ciertamente, de un modo individual, pero no está individualmente limitada. Lo que vive en mí, también vive en otros. A partir de mi persona, familia, comarca, país y reino, también puedo contemplar y comprender los de los otros. Este punto de vista, que por sí mismo engendra otros, se encuentra también en el confucianismo como concepción fundamental. Pero Lao Tsé va más lejos todavía. Mientras Confucio opina que la vida debe ser contestada con la vida, y el rencor con la corrección, Lao Tsé afirma: «Sancionad el rencor con la vida». Y explica las razones: cuando un gran rencor es compensado, siempre queda cierto exceso. La carga de la culpa, por decirlo así, pasa en el acto de los hombros del ofensor a los del ofendido, pues que éste tiene su venganza. Por eso, el elegido, que conoce la vida, tomará sobre sí toda la obligación, sin recargar al otro. Para esto, naturalmente, hace falta fuerza; sólo quien está en relación con la vida tiene los hombros bastante sólidos para echar sobre sí toda la obligación y no pedir nada al otro. Quien no tiene la vida persistirá en su ilusión, y en todo caso cargará a otros la responsabilidad.

Por medio de este no luchar la vida adquiere cada vez nueva fuerza, porque no consume energía alguna en combate con cosas extrañas y perturbadoras.

Pero para no combatir hace falta no actuar. La vida crece, mas no hace nada. Haciendo, ya sea por medio de la influencia consciente, o del esfuerzo de la voluntad, o de cualquier otra tendencia, sea la que sea, oriunda del mundo de la ilusión, del mundo superficial de la consciencia, sólo logramos descargar breves estados de tensión. El que diariamente se propone diez objetivos y los alcanza todos, se agota en el pequeño comercio de todos los días y no tiene profundidad ninguna. Las fuerzas cósmicas de que cada hombre dispone, se consumen en los movimientos sin importancia de las oposiciones finitas, y el hombre es arrastrado en el torrente del suceder, que conduce del nacimiento al fortalecimiento, y de éste a la rigidez y a la muerte. «Agitarse, petrificarse y adherirse a una mezquina insignificancia»: tal es el destino de los «que actúan». Pero la vida no hace nada y nada queda sin hacerse. Pues al distenderse y dejar que el *tao* penetre en ella y la recorra, se desarrolla sin límite y alcanza profundidades cósmicas llenas de misterio.

Hacia el exterior, esto tiene como resultado que la posición que se adopta frente a las cosas y a los acontecimientos es muy particular: retraimiento, rebajamiento, fácil satisfacción, humildad, sencillez, modestia. Esta debilidad y esta blandura son la verdadera fortaleza, porque son cualidades de toda vida. Lo duro, lo rígido pertenecen a la muerte; lo blando y débil, a la vida.

Por eso, Lao Tsé afirma acerca de sus tres tesoros: «El uno se llama bondad, el segundo sobriedad y el tercero dice: no osar ocupar una posición delantera en el mundo; porque por la bondad se puede ser valeroso, por la sobriedad se puede ser amplio de corazón, y no osando ocupar una posición demasiado delantera en el mundo se puede ser guía de los hábiles y de los especialistas».

Este retraimiento y esta sobriedad produce, en toda la apostura exterior, la limitación que ahorra tiempo y fuerza. El que ejercita la limitación no necesita derrochar innecesariamente tiempo y fuerza. Por eso dispone siempre de fuerza y de tiempo para dedicarse de manera oportuna a la resolución de los asuntos mientras no han aparecido todavía los gérmenes de los sucesos. Planea lo difícil en el estado en que todavía es fácil; actúa sobre lo que aún no se ha presentado. Esta actuación a su debido tiempo (que es, por lo demás, propiedad común de Confucio y de Lao Tsé) es el secreto del éxito. Los hombres acometen generalmente los asuntos cuando están casi terminados y así lo echan a perder todo. Pero el que ahorra fuerza y tiempo acumula doblemente la vida, y por eso no hay nada que no pueda emprender, y los hombres no conocen sus límites. Pero justo por eso puede actuar sobre los hombres, y por eso posee las fuerzas nutritivas y estimuladoras que ellos necesitan. El hombre así invadido por las fuerzas de la vida secreta es el elegido. El elegido (Schong Yen) es un concepto que comparten Lao Tsé y Confucio. Es el hombre cuyo sentido está abierto para el suceder cósmico y sus leyes. Lo que experimenta en las misteriosas profundidades de su vida hiperconsciente llena su acción. Esta vivencia confiere la magia de la palabra e incluso la del pensamiento. El elegido, precisamente por encontrarse en relación con el sentido del mundo, tiene el poder de transformarlo. Pero, por ello, se retrae hacia el exterior. Porque en el secreto y en la oscuridad es donde manan las fuerzas sobrenaturales del ser.

Todo esto hace que resulte comprensible la vida personal de Lao Tsé. Por una parte es un místico que amplía su propio Yo y lo convierte en el Yo del mundo, que ha vivido la gran contemplación de la unidad. De esta contemplación es de donde surgen aquellas nebulosas formaciones de sus palabras, que fluyen una y otra vez como el anillo de nubes que transportaba a Fausto sobre los abismos, transformándose tan pronto en la forma ideal de Elena como en la de Margarita. Pero Lao Tsé es también un mago. Ha profundizado como muy pocos en el telar de las fuerzas cósmicas y ha mostrado las reglas por las que se llega a disponer de estas fuerzas cuando se ha aprendido a prescindir del Yo, que, si estas fuerzas se desencadenasen, quedaría expuesto a los peligros más terribles.

La comparación con Fausto –que se impone– es muy fértil. También en Fausto, después de haber emprendido la vía errónea de querer asir lo inasequible, lo «insuficiente», y tras la catástrofe consiguiente, vemos el doble camino hacia arriba: por la contemplación pura de lo visible en toda su belleza –la dirección por este mundo– y por la acción que mana de la vida interior, y aunque acaba finalmente por quebrarse, sin embargo, en la ceguera de la visión externa, abre la contemplación del eterno femenino –la dirección por el trasmundo–. Pero la hazaña cósmica de Fausto, que subyuga a las fuerzas satánicas y las utiliza, es la del titán occidental. La hazaña suprasensible de Lao Tsé, que acecha la naturaleza en su obra y sabe crear sin herramientas, es la hazaña del mago de Oriente.

CAPÍTULO VII

ESTADO Y SOCIEDAD

Entre las manifestaciones más radicales de Lao Tsé están los capítulos que contienen su crítica de las circunstancias políticas y sociales de su época. En estos capítulos continúa la corriente revolucionaria de los siglos anteriores: «Si el pueblo tiene hambre, es porque sus jefes se tragan demasiados impuestos; por eso pasa hambre. Si el pueblo es difícil de guiar, es porque sus jefes quieren hacer demasiado; por eso es difícil de guiar. Si el pueblo acepta la muerte con tanta facilidad, es porque ellos buscan una vida harto exuberante; por eso acepta el pueblo con tanta facilidad la muerte.[3]

Con estas palabras, completadas por otras muchas, critica Lao Tsé la situación del Estado y de la sociedad de su tiempo. Si realmente ocurre que las gentes ven la muerte ante sí, siendo indiferente que se dediquen tranquilas a su trabajo o que se alcen en sublevaciones peligrosas, entonces es evidente que ya no darán importancia a morir y que preferirán buscar el camino más corto para sucumbir, como se dice en el Libro de los Cánticos: «¡Si hubiese sabido que iba a vivir así, mejor hubiese sido no nacer!».

La razón de por qué se producen estas situaciones en el Estado es, según Lao Tsé, que el gobierno se mezcla demasiado en

_____

3. Cap. 75.

los asuntos de los ciudadanos. Cuantas más cosas hay que deben evitarse, tanto más se empobrece el pueblo; cuanto más lucen las leyes y las disposiciones, tantos más ladrones y bandidos hay. Porque todas estas intervenciones del gobierno en la vida privada del individuo traen, como consecuencia, perjuicios e intranquilidad. Que estas situaciones puedan mejorarse por la violencia y por la fuerza es un puro imposible. A la violencia el pueblo atormentado opone la resistencia pasiva y, por último, la revolución. Es muy posible que al mismo tiempo, en lo exterior, se encuentre todo floreciente. Pero precisamente esta floración lleva en sí el germen de la descomposición. Tal vez las grandes carreteras sean hermosas y llanas, pero el pueblo camina por los atajos; el tren de la corte es acaso rico y magnífico, pero en los campos crece la mala hierba y los graneros estarán vacíos. El traje de los grandes es elegante y bello; todos llevan un puñal en el cinto; son delicados en el comer y en el beber; tienen bienes en exceso. Mas lo que reina es la rapiña, no el sentido. Pero necesariamente el contrasentido termina pronto.

Nada puede hacer cambiar que justo en estas épocas resalten algunas individualidades y que se quiera que el pueblo mantenga la moral, ensalzando y, a ser posible, premiando todas las virtudes, destacando a los aptos y haciéndolos ascender, y castigando a los ineptos con la cárcel y el sable. Cuanto mayores estragos haga la espada de la justicia, tanto menos importa a las gentes la muerte, tanto más audaces, pérfidos e insubordinados se hacen. Está muy claro que de esta manera también peligra el Estado, en el que reinan estas circunstancias.

Esta crítica de Lao Tsé está por completo justificada. Confucio mantiene exactamente el mismo punto de vista. También para Confucio es un atrevimiento vano querer poner orden por la fuerza y las leyes. Asimismo, Confucio combate la mecanización del Estado, la intervención en los asuntos privados. Pero hay, además, diferencias características. Para Confucio, la cultura como tal es algo valioso. Sólo hace falta mantenerla viva, reforzar las fuerzas que sostienen el organismo de la cultura y hacen que esté vivo, y oponerse a las otras fuerzas que lo trastornan, lo mecanizan, lo exteriorizan y, con ello, lo aniquilan. Para ello construye Confucio un sistema de tensiones y de relaciones. Lo alto y lo bajo, como principio del orden social, es cosa que hay que afirmar por la costumbre. Pero estas relaciones han de distribuirse de forma que todos sean de algún modo autoridad en alguna parte, aunque sea sólo en el círculo de la familia, mientras que por otro lado están sometidos a una autoridad superior. De aquí la importancia que atribuye Confucio a la costumbre. Pero estas situaciones de tensión son para Confucio sólo los manantiales de la fuerza para el orden de la sociedad. Los elevados tienen en cada caso las mayores obligaciones y son responsables de la influencia que ejercen por su ejemplo y manera de ser. Esta influencia ha de facilitarse: de aquí la organización en clases. Esta influencia ha de ejercitarse: de aquí la responsabilidad de los jefes.

Lao Tsé procede en esto de un modo mucho más radical. Para él, la cultura y el Estado no tienen ningún valor propio. Son organizaciones que existen por la voluntad de los hombres. Cuando mejor funcionan es cuando nada se advierte de su rodaje. Si el que reina es muy grande, las gentes apenas advierten que existe. Las obras se ejecutan, el trabajo se hace y todo el mundo piensa: somos libres.

Así, la libertad, la independencia son el principio fundamental de la organización del Estado en Lao Tsé. Dejar hacer a las gentes, no intervenir, no gobernar: esto es lo supremo. Porque cuando no se hace nada, todo marcha por sí solo. Así, el no hacer es el principio fundamental de Lao Tsé. Las reformas que propone son, por de pronto, puramente negativas: todo lo que es ensalzado como moral y cultural, la santidad, la ciencia, la moralidad, el deber, el arte, la ganancia, todo eso debe ser arrojado de un modo decidido por la borda. Porque todo ello no es sino mera ilusión. Son sólo nombres sonoramente pronunciados; son organizaciones que todo el mundo ensalza, pero a las cuales ya no les corresponde realidad ninguna. Así, todo este sistema de mentiras convencionales no engendra otra cosa que una falsa ilusión que nos engaña sobre la desoladora realidad.

Pero todo el mal proviene de la excesiva proliferación del saber. Porque el saber de los nombres pone ante la representación cosas que no existen. Con esto se despierta el deseo. Cuanto más difíciles de alcanzar son estas cosas así sabidas y representadas, tanto más violento será el deseo. Así viene la lucha por esas cosas, el hurto, el robo, la muerte. Es la fantasía la que alucina a los hombres: los colores, los sonidos, los olores, los juegos, las raras magnificencias, toda esa ofuscación del fenómeno retrae el corazón del hombre de lo profundo y real, y despierta su ansia y su egoísmo.

Por eso, si se quiere producir una mejora real, hay que extirpar la ilusión. Pero ésta sólo puede ser extirpada en el pueblo si empiezan a negarla los jefes, no dando valor a los bienes difíciles de adquirir, siendo ellos mismos sencillos en sus necesidades, evitando toda pompa y todo tren de corte, y estando entre las gentes quieta y modestamente, de suerte que su Yo quede detrás y desaparezca, por decirlo así, de la superficie, para actuar con tanta mayor amplitud, en contacto con las fuerzas de lo profundo.

Cuando los jefes renuncian así a lo que está lejos y se atienen a lo próximo, a lo real, entonces es fácil gobernar al pueblo. Cuando se busca poder y riqueza, entonces hay que cultivar, naturalmente, las luces y el saber en el pueblo; hay que tener toda suerte de herramientas y máquinas para producir los bienes, cuyo exceso han de disfrutar los grandes. Estos medios de fomento, máquinas y armas –Lao Tsé los reúne bajo el nombre de «utensilios afilados»–, son, sin embargo, los que producen el desorden. Por eso no deben utilizarse. El camino que Lao Tsé preconiza es el del retorno de la civilización a la naturaleza; no la ilustración del pueblo, sino la simplicidad. Cuando los deseos se agitan, cuando se muestra el saber, es preciso disminuir sus efectos por la sencillez sin nombre. Y a los que saben es preciso impedirles que resalten.

Pero, como complemento de este idilio de un pueblo tranquilo, fundido con la naturaleza, es imprescindible procurar su bienestar. El pueblo se mantendrá alejado por sí mismo de las figuras ilusorias de la fantasía cuando su situación real sea satisfactoria. Por eso, un gobierno prudente procurará que al pueblo le vaya bien, que su alimentación sea buena y abundante, que su morada sea tranquila y apacible, que su vida sea alegre y feliz. El elegido cuida del bien del pueblo, hace que tenga hartura y huesos fuertes, y entonces el corazón estará vacío por sí mismo, esto es, exento de apetitos y de descontento.

Un gran imperio debe dirigirse como se asan los peces pequeños: esto es, no se deben desescamar, ni sacudir, ni quemar, sino que hay que tratarlos con gran delicadeza y de manera muy suave. Así, los hombres se acomodan al apacible estado de la naturaleza, de donde los arrancó la ilusión.

Estas ideas de Lao Tsé han jugado un gran papel en la vida china del espíritu siempre que ha habido épocas de confusión política y de fermentación social. Desde que T'ao Yüan Ming, el poeta, escribió su *Manantial de las flores de melocotonero*, donde describe la utopía de un país situado en lo profundo de una lejanísima cueva serrana, apartado del mundo, y que ha permanecido libre de las borrascas y miserias, conservando su idílica tranquilidad, ha sido siempre este país un lugar añorado en los tiempos tormentosos de China.

Pero, sin embargo, hay aquí un punto en el que las doctrinas de Lao Tsé se encuentran frente a los problemas más difíciles. La vuelta a la naturaleza es, sin duda, muy impresionante como figura sentimental de la fantasía. Pero ¿es siempre posible? Ciertamente, era posible en tiempos de Lao Tsé, cuando China era un país agrícola, con una población más o menos escasa. Por entonces, la dicha de cada Estado era tener una numerosa población y, si lo conseguía, atraer mediante el orden de su vida al mayor número posible de inmigrantes de los estados vecinos. Pero las cosas cambian cuando, al aumentar la población por encima de cierto punto, exigencias que no pueden ya ser satisfechas por la actividad primitiva se imponen a la producción de alimentos. Aparte de esto, Lao Tsé no opina tampoco que el hombre haya de retroceder tanto en la naturaleza, que viva de la mano a la boca, como un animal; pero sí quiere situarlo en un ambiente que el hombre domine, en el que pueda vivir con tranquilidad, sin perder la paz interior y su relación con las fuerzas generosas del universo corriendo tras lo inasequible.

A partir de aquí, encontramos en Lao Tsé puntos de vista que pueden aplicarse libremente en todo tiempo y toda situación posibles de la economía. Lo decisivo es siempre que los hombres dominen los medios de la vida; que por causa de la vida no cieguen los manantiales de ésta. Dentro del espíritu de Lao Tsé podría incluso imaginarse una cultura maquinista, en la cual las máquinas fuesen manejadas con la misma naturalidad con que lo eran antaño los instrumentos agrícolas, y los hombres viviesen en paz y seguridad como tranquilos señores de las máquinas, no como sus esclavos. Porque los mecanismos artificiales que Lao Tsé condena son siempre esos «utensilios afilados», es decir, las cosas que no pueden llegar a ser tan dominadas que dejen por completo libre el espíritu. Resaltaremos de manera expresa que Lao Tsé no manifiesta estos pensamientos. Su ideal es la existencia idílica primitiva. Pero se mueven por completo dentro de la dirección que él defiende, porque entre las convicciones de Lao Tsé está ésta: que el ideal de una época determinada no constituye en modo alguno la norma para otras épocas, sino que cada tiempo necesita hallar el propio estado de equilibrio que le corresponde.

Es muy interesante un capítulo en que habla de las fuerzas del más allá. Lao Tsé, de acuerdo con su época, acepta estas fuerzas, que, procedentes del pasado, constituyen «grupos de almas» que dominan y excitan a los hombres. Un gobierno justo también promueve la tranquilidad. Las almas de los muertos no vagan como espíritus, esto es, sus fuerzas no dañan a los hombres, no los dividen en partidos, de manera que estos restos del pasado no provocan combates –aunque sean de religión o de partido–, y los hombres se mantienen inocentes unos junto a otros.

No menos importante que la organización de la vida social es para Lao Tsé la configuración de las relaciones políticas entre los diversos estados. Análogamente a lo que hace Confucio, Lao Tsé admite una serie gradual de organismos supeditados unos a otros. En la *Gran Ciencia* confuciana (Ta-Süo) son éstos: persona, familia, Estado, humanidad. Pero Lao Tsé admite otro grado más: persona, familia, municipio, Estado, humanidad. Así, para él, el Estado no es un término, sino que está de manera necesaria intercalado en la humanidad. Los diversos estados se encuentran dentro de la humanidad, como los distintos miembros en la familia, o como los diferentes municipios en el Estado. Por eso condena, sin más, la guerra ofensiva.

Hasta las armas más hermosas son para él utensilios funestos, impropios del noble. Sólo los utiliza cuando no puede evitarlo. Para él, lo más alto son la tranquilidad y la paz. Vence pero no se alegra de ello. Quien se alegrase, se alegraría del asesinato humano. Lao Tsé penetró en gran medida en la biología de la guerra. Sabe bien que ésta no comienza con la declaración de guerra, y que no termina al firmarse la paz. Sabe que es preciso evitar las guerras antes de que comiencen, y no por medio de armamentos, sino alejando las causas que las hagan posibles; y sabe que hay que soportar las consecuencias aun después de concluida la contienda. Porque donde los guerreros se detienen crecen espinas y abrojos. Detrás de los grandes ejércitos viene seguramente una mala época. Por eso, cuando el orden reina sobre la Tierra, se utilizan los caballos de carrera para acarrear estiércol. Cuando falta orden en la Tierra, entonces se crían los caballos de guerra en las praderas, cerca de la capital. Lao Tsé no tolera la guerra, sino única y exclusivamente como defensa de un ataque enemigo. Y, aun en este caso, sólo se trata de buscar la solución y nada más. Porque solamente por este retraimiento, que evita el movimiento pendular, que de manera necesaria causaría un contragolpe, es como puede fundarse la paz. La buena manera de hacer la guerra, venciendo por la retirada, es utilizada a veces por Lao Tsé como ejemplo para el modo de obrar en otras esferas. Y, sin embargo, las indicaciones proporcionadas en estas alegorías han sido desarrolladas más tarde, formando un sistema del arte guerrero, que, en China, adquirió gran celebridad.

Para evitar la guerra, Lao Tsé preconiza una relación adecuada entre los estados. Se comprende fácilmente que condene todos los apetitos de conquista. Porque toda conquista descansa sobre un error esencial, y todavía no se ha creado por conquista ninguna potencia duradera. Antes bien, el Estado no existe sino para que los hombres que residen dentro de sus fronteras puedan vivir. De aquí se deducen las normas para el tráfico entre los pueblos. Hay dos formas del Estado, según Lao Tsé: la masculina y la femenina. La forma femenina del Estado es la forma tranquila, la que se mantiene abajo, «saturada». Estos Estados, si comprenden su misión, llegan a ser puntos de unión en el mundo, porque lo femenino, por su quietud, triunfa sobre lo masculino. Como es natural, el proceso de asimilación depende también de los Estados masculinos, esto es, de los pequeños y activos. También éstos deben cultivar sólo las necesidades reales, sin vanagloria y sin una ostentosa manía de conquista. Necesitan expansión, pero ésta se consigue asimismo por unión y concierto pacífico antes que por el sometimiento guerrero. Se trata, sin embargo, sobre todo del gran imperio. Éste ha de mantenerse abajo. A los Estados más pequeños los ganará para sí, uniéndolos y nutriéndolos. Algo de esta verdad ha venido demostrando siempre China en el curso de su historia. Hasta el presente, a cada una de las razas agresivas, conquistadoras, que penetraron en ella desde la periferia, las ha asimilado por su grandeza y su quietud. Sin duda, los puntos de vista de Lao Tsé son diferentes de los que han destacado en la historia occidental. En Occidente, el nacionalismo y el imperialismo han sido la tónica esencial. En Oriente, hubo, asimismo –precisamente en la época de Lao Tsé–, un período semejante. El Estado de Ts'in Schï Huang Ti fue el modelo de esta configuración política. Pero las ideas expresadas por Lao Tsé han ido encarnándose cada vez más en la política china, de forma que hoy en día la humanidad se encuentra en una constitución espiritual doble. Es interesante ver cómo se desarrolla en nuestros días la lucha por las concepciones del universo, ya que el espíritu occidental no se limita ya en China a llamar a la puerta desde fuera, sino que la propia China se ha convertido en un campo de batalla en el que se confrontan las diversas concepciones de la vida.

CAPÍTULO VIII

SELECCIÓN DEL *TAO TE KING*

a) Sobre el tao[4] y el mundo de los fenómenos

El sentido que puede expresarse no es el sentido eterno.
El nombre que puede nombrarse no es el nombre eterno.
Llamo «ser» al comienzo de cielo y Tierra.
Llamo «no ser» a la madre de las cosas individuales.

Por eso la dirección hacia el ser conduce
a contemplar la esencia maravillosa.
La dirección hacia el no ser
a contemplar las limitaciones del espacio.

Estas dos cosas son lo mismo.
Se diferencian solamente por los nombres que resaltan;[5]
En su unidad, se llama el misterio.

---

4. El término *tao* se traducirá siempre, en lo sucesivo, como «sentido».

5. Por los nombres ser y no ser.

El misterio aún más profundo del misterio
es la puerta por la que salen todos los prodigios.

(Cap. 1)

El cielo y la Tierra no son bondadosos;
los hombres son para ellos como los perros de paja de los
sacrificios.
El elegido no es bondadoso;
los hombres son para él como los perros de paja de los sacrificios.
El espacio entre el cielo y la Tierra es como una flauta:[6]
está vacío y, sin embargo, no se aplasta.
Cuando se mueve, cada vez salen más cosas de él.

(Cap. 5)

El sentido siempre fluye,
pero, no obstante, nunca se desborda en su actuación.
Es un abismo, como antepasado de todas las cosas.
Es profundo y, sin embargo, como si fuese real.
Yo no sé de quién es hijo.
Parece que todavía fue antes que Dios.

(Cap. 4)

El espíritu del valle no muere,
es decir, la mujer sombría.
La puerta de la mujer sombría,
es decir, la raíz de cielo y Tierra.
De un modo ininterrumpido y como continuo
actúa sin fatiga.

(Cap. 6)

---

6. Traducción según Liang K'i Tsch'ao; esta palabra se traduce comúnmente como «fuelle».

Se le mira y no se le ve:
su nombre es Germen.
Se le escucha y no se le oye:
su nombre es Delicado.
Se le ase y no se le siente:
su nombre es Pequeño.
Estos tres no pueden separarse,
por eso, mezclados, forman uno.
Su parte superior no es luminosa.

Su parte inferior no es oscura.
No puede decirse que fluya constantemente.
Siempre retorna al no ser.
Quiere decir la forma informe, la imagen sin cosa.
Quiere decir el caos oscuro.
Saliendo a su encuentro, no se ve su faz.
Siguiéndole, no se ve su espalda.
Cuando se retiene el sentido de la antigüedad,
para dominar el ser de hoy,
podrá saberse el viejo comienzo.
Esto es, el hilo que recorre el sentido.

(Cap. 14)

¡El sentido es una cosa muy caótica y oscura!
Las imágenes son en él caóticas y oscuras.
Oscuras y caóticas son en él las cosas.
La simiente es en él insondable y sombría.
La simiente es enteramente auténtica,
en ella puede confiarse.
Desde los tiempos remotos no puede prescindirse de los
    nombres,
para abarcar todas las cosas.

81

¿De dónde sé yo la índole de las cosas?
Por ellos precisamente.

(Cap. 21)

Hay una cosa que da una impresión misteriosa.
Ya existía antes que el cielo y la Tierra.
¡Tan quieta, tan vacía!
Sola está y no cambia.
Recorre un círculo y no se arriesga.
Se puede llamar la madre del mundo.
Yo no sé su nombre.
Yo la llamo sentido.
Obligado a darle un nombre, la llamo grande.
Grande, esto es, que desaparece.
Que desaparece, esto es, lejana.
Lejana, esto es, que vuelve.

Así, el sentido es grande; el cielo, grande; la Tierra, grande.
Y también el hombre es grande.
Cuatro grandes hay en el espacio.
Y el hombre también está entre ellos.
El hombre se rige por la Tierra.
La tierra se rige por el cielo.
El cielo se rige por el sentido, el sentido se rige por sí
    mismo.

(Cap. 25)

El sentido, por ser eterno, no tiene nombre alguno.
Cuando comienza a formarse,
entonces es cuando hay nombres.
Los nombres llegan también al ser,
Y, además, se sabe dónde hay que hacer alto.

Cuando se sabe dónde hay que hacer alto
no se está en peligro.

(Cap. 32)

El gran sentido es desbordante.
Puede estar a la derecha y a la izquierda.
Todas las cosas le deben su existencia
y él no se niega a ellas.
Una vez consumada la obra,
entonces ya no la llama propiedad suya.
Viste y cubre todas las criaturas
y no hace con ellas el papel de señor.
No siendo eternamente anheloso,
se le puede llamar pequeño.
Porque de él dependen todas las cosas
sin que le conozcan como su dueño,
se le puede llamar grande.

(Cap. 34)

He aquí los que en otro tiempo alcanzaron
        lo uno:
el cielo alcanzó lo uno
y se purificó.
La Tierra alcanzó lo uno
y se afirmó.
Los dioses alcanzaron lo uno
y se hicieron poderosos.
El valle alcanzó lo uno
y se llenó.
Todas las cosas alcanzaron lo uno
y se produjeron.
Reyes y príncipes alcanzaron lo uno

y se hicieron el ejemplo del mundo.
Todo esto lo produce lo uno.

(Cap. 39)

Regreso es el movimiento del sentido.
Debilidad es la consecuencia del sentido.
Todas las cosas bajo el cielo nacen en el ser,
el ser nace en el no ser.

(Cap. 40)

El sentido engendra el uno.
El uno engendra el dos.
El dos engendra el tres.
El tres engendra todas las cosas.
Todas las cosas tienen la oscuridad a la espalda
y aspiran hacia la luz,
y la fuerza que fluye les da armonía.

(Cap. 42)

El sentido es la patria de todos los seres,
tesoro de los hombres buenos, protección de los hombres
    no buenos.
¿Por qué hay que tener en tanta estima a este sentido?
¿No será porque se dice de él:
«El que pide recibe;
el que tiene pecados será perdonado»?
Por eso es lo más precioso que hay sobre la Tierra.

(Cap. 62)

El sentido del cielo no lucha
y, sin embargo, vence bien.
No habla
y halla, no obstante, buena respuesta.

No llama,
y, sin embargo, todo viene por sí solo.
Es sosegado
y, no obstante, proyecta bien.
La red del cielo es de malla amplia,
pero no pierde nada.

(Cap. 73)

El sentido del cielo, ¡cómo se parece al tensador del arco!
Aplasta lo elevado.
Realza lo bajo.
Disminuye lo excesivo.
Aumenta lo escaso.

(Cap. 77)

El sentido del cielo no tiene preferencia alguna,
siempre regala a los hombres que valen.

(Cap. 79)

Todo el mundo dice que mi sentido es ciertamente grande,
pero, por así decirlo, inútil.
Precisamente por ser grande,
es, por así decirlo, inútil.
Porque si fuese útil,
hace tiempo que se hubiera vuelto pequeño.

(Cap. 67)

Mis palabras son muy fáciles de comprender,
muy fáciles de ejecutar.
Pero nadie en la Tierra puede comprenderlas ni ejecutarlas.
Las palabras tienen un señor.
Los hechos tienen un antepasado.
Como no se les comprende,

no se me comprende a mí.
Precisamente en que se me comprende tan raramente,
en esto consiste mi importancia.
Por eso va el elegido con vestidura peluda,
pero en el pecho oculta una joya.

(Cap. 70)

Todos los hombres son tan orgullosos
como si fuesen hacia el gran sacrificio,
como si en primavera subieran a las torres.
Sólo yo soy tímido; todavía no he recibido signo alguno,
como un niño de pecho que todavía no sabe reír,
inquieto, voy rodando por todas partes, como si no tuviese
    patria.
Todos los hombres gozan de abundancia.
¡Sólo yo estoy como olvidado!
¡Tengo el corazón de un loco!
¡Tan revuelto y tan sombrío!
Los hombres del mundo son claros, ¡ay!, tan claros.
¡Sólo yo soy sombrío!
Los hombres del mundo son prudentes, ¡ay!, tan prudentes.
¡Sólo yo estoy como encerrado en mí mismo!
¡Inquieto, ay, como el mar!
¡Girando en remolino, ay, sin cesar!
Todos los hombres tienen sus fines.
¡Sólo yo estoy ocioso como un pordiosero!
Sólo yo soy distinto de los hombres:
pero, sin embargo, es mucho, esto de buscar mi alimento en
    la madre.

(Cap. 20)

Cuando un sabio de clase suprema oye hablar del sentido,
entonces se muestra celoso y obra en consecuencia.

Cuando un sabio de clase intermedia oye hablar del sentido,
entonces cree en parte, y en parte duda.
Cuando un sabio de clase inferior oye hablar del sentido,
se ríe de él a carcajadas.
Y si no se ríe a carcajadas,
es que todavía no era el verdadero sentido.

(Cap. 41)

b) De la adquisición del tao

Los cinco colores ciegan el ojo del hombre.
Los cinco sonidos ensordecen el oído del hombre.
Los cinco sabores embotan el paladar del hombre.
La carrera y la caza enloquecen el corazón del hombre.
Los bienes raros ponen confusión en la conducta del hombre.
Por eso, el elegido actúa para el cuerpo
y no para el ojo.
Aleja aquello y toma esto.

(Cap. 12)

Cuando todos saben en el mundo que lo bello es bello,
ya tenemos con esto aquí lo malo.
Cuando todos saben que lo bueno es bueno,
ya tenemos aquí lo no bueno.
Porque ser y no ser se engendran recíprocamente.
Lo pesado y lo ligero se completan recíprocamente.
Lo largo y lo corto se dan forma recíprocamente.
Lo alto y lo bajo se cambian recíprocamente.
La voz y el sonido se unen entre sí.
El antes y el después se siguen uno a otro.

(Cap. 2)

Crea el vacío hasta lo supremo.
Conserva la quietud hasta lo más pleno.
Aunque todas las cosas se alcen entonces al mismo tiempo,
contemplo cómo se vuelven.
Las cosas en toda su cantidad:
cada cosa regresa a su raíz.
La vuelta a la raíz significa quietud.
Quietud significa vuelta al destino.
Vuelta al destino significa eternidad.
Conocimiento de la eternidad significa claridad.
Si no se conoce lo eterno, entonces se llega a la confusión y
al pecado.
Si se conoce lo eterno, se es tolerante.
La tolerancia conduce a la justicia.
La justicia conduce al dominio.
El dominio conduce al cielo.
El cielo conduce al sentido.
El sentido conduce a la duración.
No se corre ya peligro en toda la vida.

(Cap. 15)

Haz raras las palabras,
pues todo va por sí solo.
Una tormenta huracanada no dura ni una mañana.
Un chubasco no dura ni un día.
¿Y quién los opera?
El cielo y la Tierra.
Y lo que el mismo cielo y la Tierra no consiguen hacer durar,
¿cuánto menos lo conseguirá el hombre?

(Cap. 23)

El hombre es al nacer blando y débil.
Al morir, duro y fuerte.

Las plantas son al nacer blandas y delicadas.
Al morir, secas y marchitas.
Por eso, los firmes y los fuertes son los compañeros de la
    muerte.
Los blandos y los débiles los compañeros de la vida.
Por eso, si las armas son fuertes, no vencen.
Si los árboles son fuertes, se rompen.
Lo fuerte y lo grande está abajo.
Lo blando y débil, arriba.

(Cap. 76)

Salir es vida, entrar es muerte.
Compañeros de la vida hay tres entre diez.
Compañeros de la muerte hay tres entre diez.
Hombres que vivan y al mismo tiempo se muevan sobre el
    lugar de la muerte
también son tres entre diez.
¿Cuál es la razón de esto?
Porque quieren acrecentar su vida.
He oído que el que sabe vivir bien
va caminando sobre la Tierra
sin tropezar con el rinocerente ni con el tigre.
Avanza por en medio de un ejército
sin huir ante las corazas ni las armas.
El rinoceronte no encuentra
dónde hincar su cuerno.
El tigre no encuentra
dónde clavar sus garras.
El arma no encuentra
dónde hundir su corte.

¿Por qué ocurre esto?
Porque no tiene sitio ninguno para la muerte.

(Cap. 50)

La gracia avergüenza como un susto.
El honor es un gran mal, como la persona.
¿Qué quiere decir la gracia avergüenza como un susto?
La gracia es una cosa de poco valor.
Cuando se alcanza, se siente como un susto.
Cuando se pierde, se siente como un susto.
Esto significa que la gracia avergüenza como un susto.
¿Qué quiere decir el honor es un gran mal, como la persona?
La razón de que yo experimente grandes males
es que tengo una persona.
Si no tuviera persona,
¿qué clase de males podrían entonces sucederme?

(Cap. 13)

Sobre el dolor descansa la felicidad.
La desgracia acecha la felicidad.

(Cap. 58)

Saber que no se sabe
es lo más elevado.
No saber qué es saber
es un sufrimiento.
Sólo cuando se padece este mal,
queda uno libre de padecimiento.
Si el elegido no padece,
es porque padece de este mal,
y por eso no padece.

(Cap. 71)

El que sabe no habla.

El que habla no sabe.
Hay que cerrar la boca,
cerrar las puertas,[7]
embotar el sentido,
disolver los confusos pensamientos,
moderar la luz,
hacer común la parte terrenal.
Esto es, comunidad oculta (con el sentido).
Quien la tiene no sufre ninguna influencia del amor
y no sufre ninguna influencia del frío.
No sufre ninguna influencia de las ganancias
y tampoco sufre ninguna influencia de las pérdidas.
No sufre ninguna influencia de la magnificencia
y tampoco sufre ninguna influencia de la bajeza.
Por eso es el más magnífico sobre la Tierra.

(Cap. 56)

El mundo tiene un comienzo.
Éste es la madre del mundo.
El que, cuando conoce a su madre,
conoce también a sus hijos.
El que, cuando conoce a sus hijos,
está, sin embargo, al lado de su madre,
no correrá peligro durante toda su vida.
El que cierra la boca y cierra las puertas,
en toda su vida no tendrá trabajos.
El que abre su boca
y quiere poner en orden sus negocios,

---

7. Esto es, los órganos de los sentidos que dejan penetrar el mundo exterior
de igual modo que la boca es el órgano que deja salir el mundo interior.
La boca se llama aquí *tuí*. Véase acerca de esto el *Libro de las mutaciones*,
número 58.

ése en toda su vida no tendrá remedio.
Ver lo más pequeño quiere decir ser claro.
Tener en cuenta lo blando quiere decir ser fuerte.
Cuando uno emplea su luz para volver a esta claridad,
no pone su persona en peligro.
Esto quiere decir heredar lo eterno.
Cuando yo sé realmente
lo que quiere decir vivir en el gran sentido,
entonces es, sobre todo, la actividad
lo que temo.

(Caps. 52-53)

¿Puedes tú formar tu alma,
para que abarque lo Uno,
sin dispersarse?
¿Puedes hacer uniforme tu fuerza
y alcanzar la blandura,
haciéndote como un niño pequeño?
¿Puedes purificar tu contemplación oculta
de tal suerte
que quede libre de máculas?
¿Puedes amar a los hombres
y dirigir el Estado
permaneciendo inactivo?
¿Puedes, cuando se abren las puertas del cielo
y se cierran,
ser como una gallina?
¿Puedes penetrarlo todo
con tu claridad y pureza interiores,
sin precisar el saber?

(Cap. 10)

¡Proyecta lo difícil, allí
donde todavía es fácil!
¡Haz lo grande, allí
donde todavía es pequeño!
Todo lo difícil sobre la Tierra comienza siempre fácil,
todo lo grande sobre la Tierra comienza siempre
pequeño.
Por eso el elegido nunca hace nada grande,
y así puede dar cima a sus grandes hazañas.
El que promete fácilmente
seguramente rara vez cumple su palabra.
El que acepta muchas cosas fácilmente,
tiene seguramente muchas dificultades,
por eso el elegido medita las dificultades,
y así nunca tiene dificultades.

Lo que todavía está quieto
puede asirse fácilmente.
Lo que todavía no destaca
puede meditarse fácilmente.
Lo que todavía es delicado
puede romperse fácilmente.
Lo que todavía es invisible
puede dispersarse fácilmente.
Hay que actuar sobre lo que todavía no existe.
Hay que ordenar lo que aún no está revuelto.
Un árbol de una braza de grosor
se forma de un tallo tan fino como un cabello.
Una torre de nueve pisos
se forma de un montoncito de tierra.
Un viaje de mil leguas comienza ante tus pies.

(Caps. 63-64)

Lo que se ha plantado bien
no es arrancado.
Lo que se agarra bien
no se nos escapa.

(Cap. 54)

Un buen caminante no deja huellas.
Un buen orador no necesita contradecir nada.
Un buen calculador no necesita reglas de cálculo.
Un buen cerrador no necesita ni cerraja ni llave,
y, no obstante, nadie podrá abrir.
Un buen atador no necesita ni cuerda ni cintas,
y, sin embargo, nadie podrá soltar.

(Cap. 27)

Lo que quieras pensar
deja que antes se extienda bien.
Lo que quieras debilitar
deja que antes se fortalezca bien.
Lo que quieras aniquilar
deja que antes prospere bien.
Al que quieras tomarle algo
dale algo antes.
Esto quiere decir claridad sobre lo invisible.

(Cap. 36)

El que aprende diariamente aumenta.
El que ejercita el sentido disminuye diariamente.
Disminuye y disminuye
hasta que llega finalmente a no hacer nada.
En el no hacer nada, nada queda por hacer.

(Cap. 48)

Sin salir de la puerta,
se conoce el mundo.
Sin mirar por la ventana,
se ve el sentido del cielo.
Cuanto más lejos va uno,
más escasa se hace su ciencia.
Por eso, el elegido no necesita andar
y, sin embargo, llega.
No necesita mirar
y, sin embargo, tiene certidumbre.
No necesita hacer nada
y, sin embargo, realiza.

(Cap. 47)

c) Sobre la sabiduría de la vida

Desecha la santidad, arroja la ciencia,
así el pueblo ganará cien veces.
Desecha la moralidad, arroja el deber,
así el pueblo volverá al sentido de la familia y al amor.
Desecha la habilidad, arroja las ganancias,
así no habrá más ladrones ni bandidos.
En estas tres cosas no es bastante la bella ilusión.
Cuida por eso que puedan apoyarse en algo.
¡Muestra sencillez,
conserva la pureza!
¡Disminuye el egoísmo, rebaja los apetitos!
¡Abandona la sabiduría y quedarás libre de cuidados!

(Caps. 19-20)

Si el gran sentido se derrumba,
habrá moralidad y deber.

Si la prudencia y la sabiduría prosperan,
habrá las grandes mentiras. Si los parientes se desunen, habrá el deber filial y el amor.
Si los Estados se revuelven,
habrá los empleados fieles.

(Cap. 13)

Entre el «ciertamente» y el «sí»:
¿qué diferencia hay?
Entre bueno y malo,
¿qué diferencia hay?

(Cap. 20)

Engendrar y no poseer,
producir y no conservar,
estimular y no dominar:
ésta es vida misteriosa.

(Cap. 10)

El contenido de la gran vida sigue por completo al sentido.

(Cap. 21)

Quien conoce su masculinidad
y conserva su feminidad
es el abismo del mundo.
Si es el abismo del mundo,
la vida eterna no le abandona,
y se hace de nuevo como un niño.
Quien conoce su pureza
y conserva su negrura
es ejemplo para el mundo.
Si es ejemplo para el mundo,
la vida eterna no se aleja de él,

y se retorna de nuevo en lo no advenido.
Quien conoce su honor
y conserva su ignominia
es el valle del mundo.
Si es el valle del mundo,
tendrá satisfacción en la vida eterna
y volverá a la simplicidad.

(Cap. 28)

Quien estima la vida
nada sabe de la vida,
por eso tiene vida.
Quien estima la vida
no obra y no tiene ningún propósito.
Quien estima el amor
no obra y no tiene ningún propósito.
Quien estima la justicia
obra y tiene propósitos.
Quien estima la costumbre
obra, y si nadie le contesta,
agita los brazos y agarra a uno.
Por eso: si el sentido se ha perdido, la vida se ha
    perdido.
Si la vida se ha perdido, el amor se ha perdido.
Si el amor se ha perdido, la justicia se ha perdido.
Si la justicia se ha perdido, la costumbre se ha
    perdido.
La costumbre es fidelidad y escasez de fe
y comienzo de confusión.
Saber de antemano es apariencia del sentido
y comienzo de necedad.
Por eso, el justo permanece
en lo lleno y no en lo escaso.

Habita en el ser y no en la ilusión.
Despacha lo otro y se atiene a esto.

(Cap. 38)

El elegido no tiene corazón propio.
Hace suyo el corazón de las gentes.
Para los buenos soy bueno,
para los no buenos también soy bueno,
porque la vida es bondad.
Para los leales soy leal,
para los desleales soy también leal,
porque la vida es lealtad.
El elegido vive en el mundo completamente tranquilo
y amplía su corazón para el mundo.
Todas las gentes lo miran y lo escuchan,
y el elegido los acepta a todos como sus hijos.

(Cap. 49)

Con bellas frases
se puede ir al mercado.
Con costumbres honradas
se puede destacar sobre otros.
Pero a los no buenos de entre los hombres,
¿por qué habríamos de arrojarlos?

(Cap. 62)

El elegido siempre se da maña
para salvar a los hombres,
por eso no hay para él hombres despreciables.
Siempre sabe bien
salvar las cosas,
por eso no hay para él cosas despreciables.
Esto se llama heredar la claridad.

Así, los hombres buenos son los maestros de los no buenos,
y los hombres no buenos son la materia para los buenos.
Quien no estime mucho a sus maestros
y no ame a su materia
estará, aun sabiéndolo todo, en un grave error.
Éste es el gran secreto.

(Cap. 27)

El sentido engendra,
la vida nutre,
el ambiente forma,
las influencias perfeccionan.
Por eso, todas las criaturas honran al sentido y estiman la
    vida.
El sentido es honrado, la vida es estimada.
Sin que haya mandato exterior, completamente por sí.
Es decir, el sentido engendra,
la vida nutre,
hace crecer, cuida,
termina, sostiene,
cubre y protege.

(Cap. 51)

De aquel que forma su persona
será la vida verdadera.
De aquel que forma su familia
será la vida plena.
De aquel que forma su municipio
será la vida acrecentada.
De aquel que forma su país
será la vida rica.
De aquel que forma el mundo
será la vida amplia.

Por eso, juzga por tu persona la persona de los otros,
juzga por tu familia la familia de los otros,
juzga por tu municipio el municipio de los otros,
juzga por tu país el país de los otros.
¿Cómo sabré la constitución del mundo?
Por eso, precisamente.

(Cap. 54)

En la dirección de los hombres
y en el servicio del cielo,
nada hay mejor que la limitación.
Porque sólo por la limitación
pueden tratarse las cosas antes de tiempo.
Tratando las cosas antes de tiempo,
se reúnen doblemente las fuerzas de la vida.
Por estas fuerzas duplicadas de la vida
se puede afrontar cualquier situación.
Cuando se puede afrontar cualquier situación,
nadie conoce nuestros límites.
Cuando nadie conoce nuestros límites,
podemos poseer el mundo.
El que posee la madre del mundo
alcanza la duración eterna.
Éste es el sentido de la raíz profunda,
del fundamento sólido,
de la existencia eterna
y de la vida duradera.

(Cap. 59)

El que sabe conducir bien
no es peleador.
El que sabe combatir bien
no es colérico.

El que sabe vencer bien a sus enemigos
no combate con ellos.
El que sabe utilizar bien a los hombres
se mantiene abajo.
Ésta es la vida, que no lucha.
Ésta es la fuerza de utilizar a los hombres.
Éste es el polo que llega hasta el cielo.

(Cap. 68)

El odio hay que compensarlo con vida:
cuando se compensa un gran odio,
queda todavía odio sobrante.
¡Qué bien estaría esto!
Por eso, el elegido se mantiene en su deber
y nada pide a los demás.
Por eso, el que tiene vida
se atiene a su deber.
El que no tiene vida
se atiene a su derecho.

(Cap. 79)

d) Estado y sociedad

Donde las grandes vías son hermosas y llanas,
pero las gentes prefieren los senderos laterales;
donde las leyes de la corte son severas,
pero los campos están llenos de mala hierba;
donde los graneros están completamente vacíos,
pero los trajes son elegantes y magníficos;
donde todos llevan un afilado sable;
donde se es delicado en el comer y en el beber,

y los bienes están en exceso:
allí reina el desorden, no el gobierno.

(Cap. 53)

Cuantas más cosas haya en el mundo,
que no puedan hacerse,
tanto más se empobrece el pueblo.
Cuanto más afiladas herramientas posean las gentes,
tanto más se arruinará la casa y el Estado.
Cuanto más cultiven las gentes el arte y la agudeza,
tanto más se presentarán malos signos.
Cuanto más luzcan las leyes y las órdenes,
tantos más ladrones y bandidos habrá.

(Cap. 57)

Si reina uno muy grande,
apenas advertirá el pueblo que está reinando.
Otros que sean inferiores serán amados y ensalzados.
Otros inferiores aun serán temidos.
Otros inferiores aun serán despreciados.

(Cap. 17)

No preferir los aptos.
Eso hay que hacer para que las gentes no disputen.
No estimar las cosas valiosas,
así hay que hacer para que las gentes no roben.
No considerar nada como codiciable,
así hay que hacer para que sus corazones no se ofusquen.
Por eso, el elegido gobierna así:
deja sus corazones vacíos
y sus cuerpos dispuestos.
Debilita sus deseos
y fortalece sus huesos.

Mantén constantemente a las gentes exentas de saber y de
   apetitos.
Y cuida de que aquellos «que saben» no osen obrar.
Hace el no hacer.
Así todo se pone en orden.

(Cap. 3)

El sentido es eterno sin hacer,
y nada queda por hacer.
Cuando los príncipes sepan conservarlo,
los seres se formarán por sí solos.
Pero si se formasen y se despertasen los apetitos,
yo los ahuyentaría por la simplicidad, sin nombres.
La simplicidad, sin nombres, hace
que todos los hombres queden libres de apetitos.
Si están libres de apetitos,
entonces viene la tranquilidad,
y el mundo se arregla por sí solo.

(Cap. 37)

El pez no debe ser sacado de lo profundo.
Los afilados utensilios del imperio no deben ser mostrados
   a las gentes.

(Cap. 36)

Cuando los de arriba no hacen nada,
entonces el pueblo se forma por sí mismo.
Cuando los de arriba gustan de la quietud,
el pueblo se arregla por sí solo.
Cuando los de arriba no realizan actividad alguna,
el pueblo se enriquece por sí mismo.
Cuando los de arriba no tienen apetitos,
el pueblo, por sí mismo, adquiere simplicidad.

Un gobierno que sea quieto y no sea agobiante
tendrá un pueblo sincero y leal.
Un gobierno que sea riguroso y fuerte
tendrá un pueblo taimado y desconfiado.

(Caps. 57-53)

Cuando las gentes no temen la muerte,
¿cómo se las querrá atemorizar con la muerte?
Pero si mantengo constantemente a las gentes en el temor
    de la muerte,
y uno hace algo extraordinario,
¿he de cogerlo y he de matarlo?
¿Quién se atrevería a hacer esto?
Siempre hay una potencia mortal, que mata.
Matar en sustitución de esta potencia mortal
sería como manejar el hacha en lugar del carpintero.
El que quiera manejar el hacha en lugar del carpintero
rara vez escapará sin herirse la mano.

(Cap. 74)

Cuando las gentes no temen lo terrible,
es cuando viene el gran terror.

(Cap. 72)

No hagas estrecha su habitación.
No hagas enojosa su vida,
porque solamente no viviendo en la estrechez,
es como su vida no será enojosa.

(Cap. 72)

Los que desde antiguo eran aptos
en la aspiración al sentido
no lo hicieron ilustrando al pueblo,

sino manteniendo al pueblo en la simplicidad.
Si el pueblo es difícil de conducir,
proviene de que sabe demasiado.
Por eso, el que conduce al Estado por el saber
es el que roba al Estado.
El que no dirige el Estado por el saber
es la felicidad del Estado.

(Cap. 66)

Acaso es pequeño un país
y pocos sus habitantes.
Acaso tenga diez clases, o cien clases de instrumentos
que no utilice,
para que las gentes den importancia a la muerte
y no viajen muy lejos.
Tal vez haya coches y barcos,
pero no haya ningún motivo para utilizarlos,
Acaso haya corazas y armas,
pero no haya motivo para sacarlas.
El pueblo acaso vuelva a hacer nudos con cuerdas
empleándolos en lugar de la escritura.
Haz que sean dulces sus viandas y bellos sus vestidos.
Haz que su habitación sea apacible y alegres sus costumbres.
Los países vecinos acaso se miren unos a otros.
Acaso puedan escucharse unos a otros sus gallos y sus perros.
Pero las gentes se hacen viejas y mueren
sin que hayan tenido trato unas con otras.

(Cap. 80)

Un gran país hay que dirigirlo
como se asan los pescados pequeños.[8]

---

8. Es decir, sin desescamarlos y sin sacudirlos.

Cuando se gobierna al mundo por el sentido,
entonces los muertos no vagan como espíritus.
No es que los muertos no tengan fuerzas espirituales,
es que sus fuerzas espirituales no perjudican al hombre,
y tampoco el elegido les perjudica.
Si estos dos poderes no se lesionan mutuamente,
sus fuerzas vitales se unen en su actuación.

(Cap. 60)

Que los ríos y los mares son los reyes de todos los arroyos
proviene de que se saben mantener abajo bien,
por eso son los reyes de todos los arroyos.

(Cap. 66)

Cuando un gran imperio se mantiene corriente abajo,
se convierte en la unión del mundo.
Es lo femenino del mundo.
Lo femenino, por su quietud, siempre vence sobre lo mas-
    culino.
Por su quietud se mantiene abajo.
Cuando el gran imperio se mantiene así bajo el pequeño,
gana de esta manera al imperio pequeño.
Cuando el imperio pequeño se sitúa bajo el grande,
resulta ganado por el gran imperio.
Así, lo uno manteniéndose abajo, gana.
Y lo otro manteniéndose abajo es ganado.
El gran imperio no quiere otra cosa
que unir y alimentar a los hombres.
El pequeño imperio no quiere otra cosa
que participar en el servicio de los hombres.
Así cada cual alcanza lo que quiere,
pero el grande ha de permanecer debajo.

(Cap. 61)

Conquistar el mundo y querer manejarlo
he visto que fracasa.
El mundo es una cosa espiritual
que no puede manejarse.
El que lo maneja lo echa a perder.
El que lo quiere retener lo pierde.

Las cosas tan pronto prosperan
como fracasan.
Tan pronto dan un vaho cálido
como uno frío.
Tan pronto son fuertes
como débiles.
Tan pronto flotan arriba,
como se vienen abajo.
Por eso, el elegido evita
el exceso y lo demasiado grande.

(Cap. 29)

El que ayuda en el verdadero sentido a un gobernante de
     hombres
no violenta el mundo por las armas,
porque las obras se vuelven contra la propia cabeza.
Donde los ejércitos han acampado
crecen abrojos y espinas.
Detrás de los combates
vienen siempre años de hambre.
Por eso, el bueno
busca solamente la solución y nada más.
No osa conquistar por la fuerza.

(Cap. 30)

Las armas son utensilios funestos.
Todas las criaturas las odian.
Por eso el que tiene el verdadero SENTIDO,
Nada quiere saber de ellas.

(Cap. 31.)

Tengo tres tesoros.
Estimo y conservo los tres.
El uno se llama amor.
El segundo se llama sobriedad.
El tercero se llama no osar ponerse delante, en la Tierra.
Por el amor se puede ser valeroso,
por la sobriedad se puede ser amplio de corazón,
cuando no se osa ponerse delante en la Tierra.
Entonces se puede ser cabeza de los hombres hechos.
Cuando se quiere ser valeroso sin el amor,
cuando se quiere ser amplio de corazón sin la sobriedad,
cuando se quiere progresar sin mantenerse apartado,
esto es la muerte.
Cuando en la lucha se tiene amor,
se vence.
Cuando se tiene amor en la defensa,
se es invencible.
Cuando el cielo quiere salvar a alguien,
le protege por el amor.

(Cap. 67)

Entre soldados hay una frase:
no me atrevo a hacer de señor,
sino que prefiero hacer de invitado.
No me atrevo a avanzar una pulgada,
sino que prefiero retroceder un pie.
Esto es andar sin piernas,

combatir sin brazos,
arrojar sin atacar,
sostener sin emplear las armas.

No hay desgracia mayor
que menospreciar al enemigo.
Si menosprecio al enemigo,
estaré en peligro
de perder mis tesoros.
Allí donde dos ejércitos se entrechocan luchando
vence aquel que retrocede.

(Cap. 69)

Treinta radios hay en una rueda.
En la nada que hay allí, consiste
en que pueda utilizarse el carruaje.
Se hace arcilla y con ella vasijas.
En la nada que hay allí, consiste
en que puedan utilizarse las vasijas.
Se rasga la pared con puertas y ventanas para hacer habita-
    ciones:
en la nada que hay allí, consiste
en que la habitación pueda utilizarse.
Por eso, el ser es de utilidad,
pero el no ser hace posible su uso.

(Cap. 11)

III. LA INFLUENCIA DE LAO TSÉ

CAPÍTULO IX

EL TAOÍSMO DESPUÉS DE LAO TSÉ

La obrita de Lao Tsé ha tenido una enorme influencia en la filosofía china, e incluso en toda la vida china. Esta influencia no se manifestó de una vez, sino que fue desarrollándose y creciendo paulatinamente. En las conversaciones de Confucio se encuentra ya, en parte, una discusión de algunas opiniones de Lao Tsé en un sentido de aprobación, y, en parte, también de modificación. Mongtsé, el representante del confucianismo en el tránsito del siglo IV al III a. C., no cita el nombre de Lao Tsé en ninguna parte, aun cuando mantiene algunas discusiones críticas con varios de sus discípulos. Sólo en la colección de relatos acerca de las costumbres, que proviene de la época Han, pero se refiere, naturalmente, a fuentes de gran antigüedad y de muy diversas épocas, se cita a Lao Tan algunas veces diciendo que era un hombre al que Confucio había ido a pedir consejo.

A pesar de esta pobre mención, vemos que las doctrinas de Lao Tsé han ejercido, sin embargo, una influencia creciente en la formación de las doctrinas confucianas. En la «Gran Ciencia» y en «Centro y Medida» (que la tradición ubica antes de Mongtsé, aun cuando la investigación moderna china las sitúa en la época posterior a éste), se encuentra una base metafísica de la estructura confuciana de la sociedad, que permite reconocer en muchas partes una referencia oculta a Lao Tsé.

En lo que se refiere a la literatura taoísta, se encuentran obras de algunos pretendidos discípulos de Lao Tsé, como el guardián de la puerta en el paso de Hanku, Kuan Yin Hsi, a quien Lao Tsé, como ya se ha dicho, parece que dejó el *Tao Te King*. Pero estas obras deben considerarse, con bastante seguridad, como productos de una época posterior, así como los numerosos escritos, por ejemplo, en forma de Sutras budistas, que citan como su autor a Lao Tsé, a Lao Kün o a T'ai Schang Lao Kün, como se le llamó después.

Pero lo cierto, al parecer, es que no debemos considerar a Lao Tsé de una manera aislada. Pertenece a los sabios ocultos que desempeñan tan gran papel en la historia de la vida de Confucio, sobre todo hacia el final. En aquellas esferas por lo general estaban extendidas opiniones análogas a las de Lao Tsé. Pero estos pensamientos no surgen entonces por primera vez. Se trata de doctrinas secretas, transmitidas desde tiempos antiguos, como la leyenda posterior, que glorifica al soberano amarillo (Huangti) como fundador de las ideas taoístas. Cabe destacar que también en el *Tao Te King* se encuentran citas de estos aforismos más antiguos. De algunos de estos sabios sólo ha llegado hasta nosotros el nombre, como, por ejemplo, del maestro Hu K'iu Lin o de su discípulo Po Hun Wu-Jen. De otros, la leyenda comenta algunos rasgos. Así, principalmente, de Liä Yü K'ou, del cual se conserva una obra en ocho libros bajo el nombre de Liätsé. Lo cita también expresamente el filósofo Tschuangtsé (335-275 a. C.) no como una figura fabulosa, sino como una persona real, de la cual se ha apoderado la leyenda hasta tal punto de atribuirle maravillosas fuerzas sobrenaturales.

Sería muy grato que en la obra de Liätsé tuviésemos un escrito auténtico del siglo v o iv. Pero no es el caso. La redacción del libro no se puede situar antes del siglo iv d. C. Sin embargo, el libro se basa en materiales más antiguos. El desarrollo de la doctrina en Liätsé orienta los problemas del *Tao Te King* más bien en sentido metafísico. El pensamiento se ocupa de las antinomias del espacio y el tiempo, del problema del desarrollo de las distintas clases de seres vivos, unos de otros, y de algunas otras cuestiones parecidas. En todo ello el naturalismo destaca de un modo mucho más fuerte y más unilateral que en el *Tao Te King*. El *tao* se convierte cada vez más en una sustancia metafísica que origina todo el devenir y el hecho de extinguirse, y lo proyecta en el fenómeno sin aparecer ella misma jamás en el mundo fenoménico. Es característico el hecho de que se refieran algunas historias en forma de parábolas, que llegan, en parte, a lo maravilloso y pretenden mostrar la fuerza de un ejercicio de yoga encaminado a conseguir la unificación. Vemos, pues, desarrollado en Liätsé el elemento místico junto al elemento mágico.

Yang Tschu es ya una personalidad histórica. Sus doctrinas, en la época del confuciano Mongtsé, habían alcanzado un concurso tal de partidarios y discípulos que Mongtsé incluye entre sus principales adversarios. Le combate por su egoísmo, que rechaza y deshace todo vínculo con el Estado. Al no querer –afirma Mongtsé– dar ni un cabello para favorecer al mundo, demuestra su egoísmo, que haría imposible cualquier convivencia entre los hombres. No averiguamos por Mongtsé, naturalmente, qué es lo que había de atractivo en las doctrinas de Yang Tschu, que hizo que sus discípulos fuesen casi tan numerosos como los de Confucio y Mo Ti, el tercer gran filósofo, junto a Lao Tsé y Confucio, en el siglo VI. Sin embargo, en el libro de Liätsé, tenemos una exposición de las doctrinas de Yang Tschu, la cual complementa a la perfección la exposición de su adversario Mongtsé. Según ésta, Yang Tschu fue un discípulo de Lao Tsé, que, naturalmente, no comprendió por completo las doctrinas de éste, sino que las desarrolló de un modo unilateral. En este sentido, a Lao Tsé le sucedió lo mismo que a Confucio. Así como las doctrinas de Confucio, en la rama principal de su escuela, se habían transformado en un ritualismo más o menos minucioso, las doctrinas de Lao Tsé fueron transformadas por Yang Tschu en un naturalismo unilateral y, por lo tanto, limitado. En Tschuangtsé se dice cómo Yang Tschu va a instruirse con Lao Tsé.[9] Pregunta si un hombre que es afanoso y fuerte, con un entendimiento penetrante y una claridad omnipresente, infatigable en la investigación del *tao*, podría parangonarse con los reyes sabios de la antigüedad. Lao Tsé lo rechaza con bastante dureza y luego prosigue: «La actuación de los reyes sabios fue tal que sus obras llenaron el mundo entero, y no parecía, sin embargo, que partiesen de ellos. Daban forma a todos los seres y les otorgaban dones, y las gentes nada advertían de ello. No se pronunciaba su nombre, y, sin embargo, hacían que todos los seres tuviesen una satisfacción interior. Estaban en lo inconmensurable y vivían en el no ser».

Aquí se ve a Yang Tschu como discípulo de Lao Tsé. Pero según su orientación esencialmente intelectual, advertimos una desviación del verdadero punto de vista de Lao Tsé. Esto concuerda a la perfección con las historias y discursos que se refieren de él en el séptimo libro de Liätsé. También estas referencias lo presentan como un pensador en extremo preciso, que elabora la teoría de Lao Tsé sobre dejar hacer, no actuar; en una palabra, someterse al conjunto de la naturaleza. Pero le falta la bondad y la amplitud de Lao Tsé. Por eso, todo en él da la impresión de exageración. Cualquier actividad es rechazada. Un pesimismo fatalista corroe toda la vida. Es el gusto amargo que permanece en el vaso una vez apurado el brebaje. Todo es vano. Lo bueno y lo malo son del todo indiferentes, lo mismo que todas las distinciones entre los hombres. Para él, es evidente que desde este punto de vista, toda cultura es algo ridículo,

---

9. Tschuangtsé, libro VII, 4.

y, en principio, hay que rechazar cualquier ensayo de organización política y toda participación en la vida pública. Un egoísmo, un fatalismo y un pesimismo consecuentes son lo único que queda del rico mundo de Lao Tsé. Pero se comprende que lo radical y frívolo de sus opiniones hallan eco en una raza decadente y de moda. Por su independencia de todo vínculo, seguramente Yang Tschu actuó como un fermento disolvente en el pensamiento chino de aquellos siglos. Se comprende que Mongtsé pudiera ver en sus opiniones un veneno sutil que había que eliminar para que la humanidad no se descompusiera.

El que ha trasladado por completo las doctrinas de Lao Tsé a la filosofía china es Tschuangtsé, el contemporáneo más joven de Mongtsé. Tschuangtsé es un brillante tesoro en la vida china del espíritu. Es el poeta entre los filósofos chinos del siglo IV, y ha influido tanto en la poesía posterior del sur de China como en la filosofía. Apenas se sabe nada de su vida. Los pocos rasgos biográficos que pueden reunirse leyendo sus obras apenas son suficientes para afirmar que llevó una vida sobre todo interior, en externa pobreza. Rechazó, por tanto, todas las invitaciones de los príncipes para que fuera a sus cortes respectivas como consejero, y a los mensajeros que le hacían aquellas proposiciones los despachaba de mala manera. Por otra parte, tampoco se retiró del mundo, sino que vivió como cabeza de familia, no sin padecer muchas veces dificultades económicas. Además, estaba en contacto con las corrientes espirituales de su época. Mantenía relación con la escuela de Confucio, aun cuando no con su rama ortodoxa, sino con una dirección que ha transmitido a la posteridad cosas esenciales. Al maestro Confucio lo veneraba en lo más profundo de su espíritu, sobre todo después de la gran transformación sufrida por Confucio a los sesenta años. Acerca de este cambio de dirección espiritual en Confucio, conocemos, justamente por Tschuangtsé, algunos pormenores muy valiosos. Aparte de estas relaciones, sabemos también de otras con el filósofo Huitsé, que había conseguido cierto renombre como dialéctico y como político. Parece haber estado muy próximo a la escuela de los llamados sofistas de la China central. De sus escritos, que son muy numerosos, no se conserva, por desgracia, nada digno de mención, pero precisamente por Tschuangtsé, conocemos algunas de sus opiniones. Parece que se dedicó sobre todo a las distinciones lógicas. Tschuangtsé entabló con él discusiones con frecuencia, aunque más bien por ejercitarse en la dialéctica que por la esperanza de poderlo convencer.

Sobre todas estas relaciones, que, sin duda, no dejaron de tener influencia en el pensamiento de Tschuangtsé, destacan, como es natural, las influencias que recibió de Lao Tsé. Tschuangtsé no sólo expone la sabiduría taoísta de la vida, sino que también proporciona una verdadera filosofía taoísta. Sus fundamentos filosóficos se encuentran en los primeros siete libros, en la llamada parte interior. Todo lo demás son *Parerga* y *Paralipómena*. El primer libro se llama *Caminar en el ocio*. Constituye la exposición del conjunto. La vida terrenal, con sus destinos e influencias, se compara a una pequeña mariposa que vuela por el bosque, mientras que la vida en ocio beato está libre de toda clase de pequeñeces. Es comparada con el extraordinario pájaro P'ong, cuyas alas van por el cielo como nubes colgantes cuando se abren para volar del mar del Sur al mar del Norte. De especial importancia es el segundo libro, llamado *Del equilibrio de las concepciones del mundo*. Aquí se da solución, desde el punto de vista taoísta, a las cuestiones filosóficas que se debatían en su época. Aquélla fue una época de lucha entre las concepciones del mundo. La vieja concepción de base religiosa hacía ya mucho tiempo que se había derrumbado. En su lugar surgieron las concepciones más diversas, con frecuencia diametralmente opuestas, todas ellas en una lucha dialéctica. Tschuangtsé, refiriéndose al *Tao Te King*, reconoció, en su necesaria condicionalidad, todas estas opiniones opuestas, que se encontraban en desacuerdo lógico. Como ninguno de los partidos podía demostrar que tenía razón, Tschuangtsé encontró la salida a la disputa mediante la intuición, en que se alcanza el punto de vista para la contemplación unitaria del ser. Este libro comienza con la magnífica rapsodia del órgano celeste y termina con la misteriosa parábola del sueño de la mariposa, en la cual la vida y el sueño se sitúan frente a frente, como dos esferas de las que nadie puede decir cuál es la real y cuál la irreal. En el tercer libro, viene la aplicación práctica de este conocimiento. Se trata de encontrar al señor de la vida, no de aspirar a una situación particular, sino de ir persiguiendo la arteria capital de la vida, conformándose con la situación exterior en la que cada cual se encuentra, porque no es una transformación de las circunstancias exteriores lo que puede salvarnos, sino otra actitud diferente ante las circunstancias de la vida, partiendo del *tao*. Con esto se produce el acceso al mundo que está más allá de las diferencias.

En el cuarto libro, la escena nos saca de la vida individual conduciéndonos al mundo de los hombres. Muestra el camino por el que se puede obrar en este mundo. También se trata aquí de conservar la amplitud del punto de vista, no ligándose en ninguna clase de singularizaciones. Porque la singularización tiene, sin duda, utilidad; pero precisamente esta utilidad es la razón de que uno mismo resulte utilizado. Uno queda preso en el conjunto de los fenómenos, convertido en una rueda de la gran máquina de la sociedad, y, precisamente por eso, convertido en hombre profesional y especialista unilateral, el «inútil», el que está por encima de las oposiciones, salva su vida.

El quinto libro trata del «Sello de la vida plena». Muestra, por medio de diversas parábolas, cómo el contacto interior con el *tao*, que es el que proporciona la verdadera vida, exenta de propósitos, ejerce una influencia interior sobre los hombres, ante la cual debe desaparecer cualquier inadecuación externa. Historias de lisiados y de hombres de fealdad monstruosa manifiestan esta verdad de manera clara por la paradoja de las circunstancias externas. La contradicción entre la joya interior y las vestiduras del aspecto exterior destaca, de este modo, con mucha más precisión. Tenemos aquí un aspecto que ha conferido al taoísmo cierto aire paradójico aun en su época posterior.

Podemos ir siguiendo, hasta en la bibliografía de los cuentos, cómo un mago extraordinariamente poderoso o un dios salvador se presenta en forma de mendigo harapiento, sentado en la esquina de una calle, lleno de barro y de miseria. Puede verse aquí con claridad que en esta concepción hay algo que muestra cierto parentesco con el «dolor de la cruz» cristiano. También en el cristianismo aparece la extrema negación y rebajamiento de sí mismo como el camino adecuado para elevarse y alcanzar la beatitud. Sin embargo, existe una gran diferencia en la concepción de esta idea. En el cristianismo, el rebajamiento se anuncia como camino de elevación. La elevación, la beatitud y la magnificencia —es decir, un miembro de la oposición eterna— son el propósito y objetivo a que se aspira; el padecer y el rebajamiento son sólo el camino para alcanzarlo. Al mismo tiempo, no es raro encontrar la opinión de que el camino del padecimiento en esta breve vida es el precio que se paga por una magnificencia sin medida, de duración ilimitada. El punto de vista del taoísmo se diferencia de este último en que la bajeza y la fealdad no son ya cosas por las que hay que haber pasado. No constituyen un estado, que puede cambiarse por otro, sino que quien ha conseguido el punto de vista amplio de la contemplación del ser ha superado las oposiciones tales como la fortuna y la desgracia, la vida y la muerte, ninguno de cuyos miembros, por sí solo, está más próximo al *tao*. Porque estos términos opuestos son, al mismo tiempo, los miembros necesarios de un ciclo eterno. Resultaría erróneo querer excluir para siempre uno de los polos eternizando el otro; esto sería, por de pronto, una imposibilidad, y, además, implicaría quedar para siempre adheridos al lado de los fenómenos.

Al preguntar Huitsé a Tschuangtsé si existen realmente hombres sin sentimientos humanos, este último contestó que desde luego los hay. Huitsé dijo: «Un hombre sin sentimientos no puede ser llamado hombre». Tschuangtsé contestó: «Como el *tao* eterno del cielo le ha dado forma humana, hemos de poder denominarlo hombre». Huitsé replicó: «Los sentimientos pertenecen, sin embargo, al concepto del hombre».

Tschuangtsé comentó: «Estos sentimientos no son los sentimientos a los que yo me refiero; cuando digo que alguien no los tiene, quiero decir que un hombre de esta índole no menoscaba su ser interior por sus inclinaciones ni por sus aversiones. En todas las cosas sigue a la naturaleza y no trata de aumentar su vida».

Huitsé dijo: «Si no trata de aumentar su vida, ¿cómo puede subsistir su esencia?

Tschuangtsé respondió: «El *tao* eterno del cielo le ha dado su forma, y él no menoscaba su esencia interior ni por inclinaciones ni por aversiones. Pero ocupáis vuestro espíritu con cosas que están fuera de él, y fatigáis en vano vuestras fuerzas vitales. [...] El cielo os ha dado vuestro cuerpo y no sabéis hacer cosa mejor que buscar constantemente cominerías».[10]

Entre los libros más importantes de Tschuangtsé se halla el sexto: *El gran Maestro y Antepasado.* Trata del problema del hombre que ha encontrado acceso al gran antepasado y maestro, es decir, al *tao.* «Los verdaderos hombres no temían encontrarse solos. No realizaban acción heroica ninguna, no forjaban planes de ningún género. Por eso, cuando fracasaban, no te-

---

10. Tschuangtsé, libro V, 6.

nían nada de qué arrepentirse, y cuando tenían éxito, nada de qué enorgullecerse. Por eso, podían subir a las cimas más elevadas sin sentir el vértigo; podían caminar por el agua sin mojarse; podían andar por el fuego sin quemarse. Cuando dormían, no tenían sueño alguno, y en la vigilia no tenían cuidados de ningún tipo. Sus comidas eran sencillas; su respiración, profunda. No conocían la alegría de la vida ni la aversión ante la muerte. No se lamentaban de abandonar la vida ni se regocijaban de entrar en ella. Llegaban con perfecta calma, y con perfecta calma se marchaban. No olvidaban su origen y no trataban de alcanzar su fin.

Aceptaban con alegría cuanto venía, y lo que se iba lo dejaban ir sin pensar más en ello. Esto es «no menoscabar el sentido por la conciencia y no querer ayudar a las cosas del cielo con las cosas humanas».

En este sentido, también se tratan con gran dominio las cuestiones más profundas del padecimiento y de la muerte.

El séptimo libro, *Para uso de reyes y príncipes,* constituye la conclusión, y trata del gobierno por medio del no gobierno. «El hombre supremo –afirma– utiliza su corazón como un espejo. No persigue las cosas ni tampoco sale a su encuentro. Las refleja pero no las retiene».

Resumamos. Tschuangtsé muestra una evolución del taoísmo de Lao Tsé al introducir sus métodos para la resolución de las cuestiones filosóficas de su época. Envuelve las doctrinas en la brillante vestidura de un lenguaje poético, e inventa metáforas aguzadas a través de las cuales hace brillar de un modo mágico lo inexpresable de las concepciones taoístas. La imagen se presenta en él junto a la paradoja para hacer accesible lo que no puede nombrarse. En su epílogo, dice lo siguiente acerca de su método:

«Ofrezco generalmente parábolas
Y muchas frases de viejos discursos,
un trago diario del vaso lleno,
sólo para que le rodee la luz de eternidad».

En lo que se refiere a lo objetivo, podemos decir resueltamente que se mantiene en la línea de Lao Tsé. También él vive en las profundidades del *tao*; también para él es el mundo de los fenómenos, un ensueño sin esencia –Tschuang Tschon o una mariposa es lo mismo, pues tanto lo uno como lo otro son existencias de ensoñación–.[11] Llevó también una vida de retiro, como su maestro. Si tuvo discípulos no lo sabemos. Sin embargo, parece que gran parte de lo que nos ha sido transmitido bajo su nombre no proviene de él mismo, de manera que debió formar una especie de escuela. De todos modos, es evidente que ha ejercido una enorme influencia en la filosofía y en la literatura. En favor de ello habla el hecho de la combinación de los nombres de Tschuangtsé y Lao Tsé en la expresión con frecuencia utilizada de «Lao Tschuang» como denominación de las opiniones taoístas; también la relación entre Lao Tsé y la antigüedad queda sellada en la expresión «Huang Lao», en la cual «Huang» se refiere a Huangti, «el gobernante amarillo», que era venerado como patrono del taoísmo, lo mismo que Yao y Schun fueron los patronos del confucianismo.

La influencia de Tschuangtsé se ve sobre todo en la literatura del sur. La poesía de Tsch'u que, como una nueva rama del arte, enriqueció la cultura china de los territorios del Yangtsé está, en su concepción del mundo, bajo la influencia del filósofo poeta Tschuangtsé.

El taoísmo se desarrolló de un modo extraño en Hanfetsé. Hanfetsé era un príncipe de la familia reinante del estado Han,

---

11. Tschuangtsé, Libro II, 12.

que precisamente en su misma época se encontraba en gran peligro. Trató de que su gobierno aceptara un plan para la salvación de su patria, pero no halló quien le hiciera caso. Entonces se dirigió al estado Ts'in, en el oeste, que bajo el gobernante, más tarde conocido como Ts'in Schï Huang Ti, comenzó a adquirir el dominio sobre todo el imperio al aniquilar a los demás estados. En Ts'in, entonces Li Si era ministro omnipotente. Junto con Li Si había frecuentado durante un tiempo la enseñanza del confuciano Hsün King, y en todas partes se decía que era él el más talentoso de los dos amigos. Se explica, pues, que el soberano de Ts'in, que ya le conocía por sus trabajos, se encontrase dispuesto a utilizarlo. Parece que Li Si desempeñó un papel no muy claro en todo esto. Hanfetsé fue encarcelado poco después de su llegada a Ts'in, bien fuese por iniciativa de Ii Sö o con su consentimiento tácito. Se suicidó allí, en el año 233 a. C. para escapar a una suerte peor. Pero sus obras merecieron gran estimación en Ts'in después de su muerte.

En aquella época había comenzado un intercambio de influencias entre los diversos centros culturales: el septentrional del confucianismo, el meridional del taoísmo y el central de la escuela de Mo Ti. En una obra colectiva como el *Lü Schï Tsch'un Ts'in* («Primavera y otoño de Lü Pu We») se muestra de manera clara esta especie de nuevo eclecticismo. El pensador ya no se situaba en el punto de vista de una de las escuelas en litigio, sino que tomaba ideas tan pronto de una como de otra, sobre todo aquellas opiniones que habían llegado a ser propiedad común de la época. Hanfetsé no era puramente ecléctico, sino que tenía un punto de vista uniforme, que defendía con materiales ideológicos procedentes de todas las escuelas. Tomó la idea central de su construcción ideológica de los estadistas de la China central. Esta idea consistió en realizar la organización y el gobierno de un estado a través de leyes y de medidas adecuadas. Esta idea se encontraba tanto en oposición con el confucianismo, que no quería conseguir el orden por leyes adecuadas, sino mediante hombres adecuados, como con el taoísmo, para el cual lo supremo era que nada estuviese ordenado. La idea de la base legal del estado procedía de las opiniones de Mo Ti, pero también pertenecía a los grandes estadistas de aquella época. Por lo demás, la manera que en que el confuciano Sün K'ing entendía la costumbre, como un medio de organización, está también próxima a esta idea. Hanfetsé tomó del confucianismo la fuerte autoridad y el derecho del soberano, que elevó hasta una monarquía absoluta, y la importancia de que se utilizasen hombres aptos. Pero todas estas ideas están impregnadas de ciertos principios taoístas. Se comprende así muy bien que se haya dedicado expresamente a comentar y coleccionar ejemplos históricos acerca de las sentencias de Lao Tsé.

Hemos visto que Lao Tsé considera el hecho de no obrar como la mejor manera para que todo se haga y, como él dice, justamente los gobernantes más elevados y más sabios han sabido reservarse de modo que el pueblo apenas si tenía una idea de su existencia. Este no obrar del soberano también lo destaca Hanfetsé. Pero le da otro significado diferente. En Lao Tsé, no hacer es la acción suprema, puesto que así la naturaleza del gobernante armoniza con las influencias cósmicas, y de esta manera actúa en lo profundo con la necesidad de una potencia. Sólo un hombre extraordinariamente grande y de gran corazón —sólo un hombre que en su Yo ame al mundo— puede practicar esta manera de acción por el no obrar, según Lao Tsé.

En Hanfetsé la cosa es muy distinta. Para él, no obrar es un modo de favorecer la comodidad y la seguridad del soberano. ¿Para qué ha de esforzarse el soberano? Basta con que elija empleados aptos y laboriosos. Éstos se encargarán de hacer todo el trabajo por él para que pueda disfrutar con tranquilidad de la felicidad que le depara su elevada posición sin tener que molestarse. «Practica el no hacer y nada queda por hacer». Esta frase está, al parecer, de acuerdo con Lao Tsé, pero sólo parecerá primera vista.

Todavía hay más. No sólo es más cómodo para el príncipe dejar que los funcionarios obren por sí, sino que también es más seguro. Porque cuando algo sale mal, la responsabilidad recae en los que lo han hecho, y el monarca mismo resulta irresponsable y puede castigar a los funcionarios ineptos.

Aun cuando cabría preguntarse si estos consejos, que tienden a excluir por completo al príncipe del mecanismo del gobierno, no tienen en definitiva como objetivo ofrecer al soberano una dulce inacción para que no perjudique con su intervención a los negocios del Estado, se hace patente, sin embargo, por otra parte, que Hanfetsé, a fin de cuentas, proporciona, como Maquiavelo, sus consejos tan sólo al príncipe. Esto resulta del segundo principio que defiende. Según Lao Tsé, no se debe mostrar a las gentes los afilados utensilios del imperio, como tampoco deben sacarse los peces del fondo del mar. Con esto quería decir que hay que tener a las gentes en la simpleza y satisfacción, para que no se despierten los apetitos y no se altere la gran paz por toda suerte de artimañas y perfidias. Hanfetsé acepta este principio, pero le da otra forma de un modo también característico. El soberano ha de estar una y otra vez tras los funcionarios para que cada cual desempeñe su función lo mejor posible. Pero debe guardar los últimos hilos en sus manos. Será misterioso e invisible como Dios, inesperado y súbito en el premio y en el castigo, para estimular los sentimientos que favorezcan sus designios. Tendrá así indefectiblemente en su mano el premio y el castigo, como fuertes palancas que aplicará del modo que convenga a sus fines, que nunca ha de descubrir. El poder y el temor, que resultan de una incertidumbre constante, son los medios que Hanfetsé aconseja al príncipe. Aquí vemos las ideas de Lao Tsé por completo transformadas en un sistema de magia negra. Esto concuerda a la perfección con las opiniones de Hanfetsé sobre la naturaleza humana. Para Lao Tsé, la naturaleza en sus orígenes está en armonía con el universo y sus leyes. Tan sólo los apetitos son la fuente de todo mal y hay que sofocarlos. Para Hanfetsé, en cambio, los apetitos son el núcleo de la naturaleza humana. Claro está que todo apetecer es malo desde un principio. Pero hay, no obstante, que cultivarlo, porque es el único recurso de que dispone el príncipe para obligar a los hombres a su servicio. Un hombre al que nada apetece, que nada teme, que no espera nada, que no es apto para el servicio del príncipe, y aun resulta peligroso. Lo mejor es eliminarlo. De los otros hay que desconfiar mucho. Un príncipe nunca debe confiar en sus funcionarios, porque son sus enemigos secretos; sólo manteniéndolos dentro de sus límites, por una inseguridad constante, los tendrá propicios a su servicio. Pero tampoco confiará en su mujer ni en su hijo, porque suelen ser los instrumentos de los que se sirven los funcionarios ambiciosos para sus fines. La confianza es la raíz de todos los males. A los hombres hay que amarlos solamente como medios. Se ama a un caballo porque corre mucho; un rey ama a sus súbditos porque combaten por él; se ama al médico porque sabe curar las heridas y contener la sangre. En el amor hay que ser precavido. Un constructor de vehículos de caballos desea que los hombres sean ricos y distinguidos, no porque los quiera bien, sino porque de otro modo no puede deshacerse de sus carruajes. Un fabricante de féretros desea que las gentes mueran, no porque les quiera mal, sino porque de otro modo nadie compraría sus ataúdes. Así, el príncipe siempre debe tener presente que sus sucesores han de desear su muerte, no porque le odien, sino porque, según la situación de las cosas, ello les proporcionará ventajas. Por eso, siempre tendrá que ser muy precavido con los hombres a quienes pueda beneficiar su muerte.

Hanfetsé mantiene estos principios con una frialdad glacial en su aplicación a todas las circunstancias del Estado. De ellos deriva una política de poder tiránico. No hay principios fijos, sino que hay que hacer lo que en cada ocasión favorezca al príncipe; un oportunismo sin consideración es el único principio digno de un soberano libre de prejuicios. Las leyes han de ser duras y han de funcionar con una seguridad infalible, mecánica, como las fuerzas de la naturaleza. Sólo así el príncipe está por encima de toda responsabilidad; porque no es él quien mata a los hombres, sino que los hombres se matan ellos mismos cuando entran en el engranaje de la máquina de castigar, que funciona de manera automática. Aparte del príncipe, no debe haber nadie en el Estado que esté libre; toda la vida está limitada por las leyes. Pero no sólo las acciones, sino que ni la palabra ni el pensamiento podrán ser libres. Sólo cuando las tendencias y las opiniones de las gentes estén de acuerdo con los designios del príncipe, éste tendrá la seguridad de sus súbditos. Por eso hay que condenar todo amor y toda gracia por parte del príncipe, porque así se introduce en el gobierno un motivo que no está de acuerdo con su mecanismo. Y éste no es eficaz como no carezca de todo fallo.

Hanfetsé ha hecho algo extraño con el taoísmo, aun cuando se ve que, punto por punto, todas sus consecuencias pueden deducirse de las palabras de Lao Tsé con una estricta lógica. Hanfetsé fue un pensador audaz que no modificó el mecanismo de sus ideas por consideraciones de ningún género acerca de la bondad y de los movimientos del corazón. Esta consecuencia fría, como ya se ha dicho, es la que tiene en común con Maquiavelo. Pero es significativo el hecho de que este defensor y maestro de los tiranos encontrase la muerte en el calabozo precisamente por su discípulo más celoso, Ts'in Schï Huang Ti, y su amigo y cofrade Li Sï, que le asistió en la muerte, no porque fuese más bondadoso que él, sino para poder aplicar mejor estos principios como único servidor de su amo, en vez de hacerlo en compañía de tan excelente camarada, que poco tiempo después fue descuartizado por el hijo del príncipe, a quien había hecho emperador del mundo.

Gracias a este ejemplo, podemos ver el estado de las cosas en China en la época de la decadencia de la vieja cultura. El mundo bello y libre con el alto cielo como techo, el reino tranquilo y apacible del sentido eterno, que Lao Tsé revelara a la visión encantada, se había convertido en un infierno sombrío en el que danzaban todos los demonios. Las doctrinas de Hanfetsé guardan la misma relación con el taoísmo de Lao Tsé que los autos de fe españoles y los procesos de hechicería de la Edad Media con las suaves doctrinas del Nazareno, en cuyo nombre se llevaban a cabo.

Después de Hanfetsé, encontramos otra enciclopedia de las doctrinas taoístas en las obras de Huainantsé. Éstas se retrotraen al nieto del emperador Wu Ti, Liu An, de la dinastía Han, que había sido nombrado príncipe de la comarca de Huai Nan. Era muy aficionado al taoísmo, y reunió a un gran número de sabios y magos en su corte, a los que mandó recopilar una obra de conjunto sobre la ciencia taoísta, que, en un primer momento, se denominó *Hung Liä Tschuan* («Relaciones sobre la gran claridad»), pero que más adelante recibió el título de *Huainantsé*. Después de haberse gastado toda su fortuna en ensayos de alquimia, se vio envuelto en intrigas políticas que habían de darle la sucesión del imperio. No obstante, se descubrió el complot y el príncipe se suicidó en el año 122 a. C. Sin embargo, escritores taoístas posteriores afirman que su desaparición debe atribuirse a que consiguió entrar entre los inmortales.

Sus doctrinas muestran cómo, entre tanto, había ido progresando la unión de las ideas del norte y las del sur, al mismo tiempo que se habían ido extinguiendo las corrientes, en su día preponderantes, de la escuela central de China, que habían conferido acritud a las opiniones de Hanfetsé. Todos aquellos hábiles métodos para avasallar a los hombres y apoyar la fuerza del tirano no sólo habían resultado fatales para sus promotores, sino que también la obra que habían llevado a cabo, ayudando a la casa Ts'in a conseguir el dominio universal, se había derrumbado tras una breve existencia, y, con ella, la vieja cultura china. Había sido superior a sus fuerzas. Entre tanto, la dinastía Han había ascendido al trono. Al principio cultivó las supersticiones de la religión popular, antes de descubrir en el confucianismo el más eficaz sostén para el orden del Estado, de manera que le ayudó a alcanzar el lugar que ocupó después, durante milenios, no sin grandes oscilaciones y crisis interiores.

Huainantsé realizó un ensayo muy interesante para reunir el taoísmo y el confucianismo en una obra de conjunto. También él parte del *tao*, que, como mínimo por el nombre, constituye la base tanto del confucianismo como del taoísmo, aun cuando, como hemos visto, la misma palabra tiene significados en cierto sentido diferentes en ambas escuelas. En Huainantsé se encuentran glorificaciones en forma de himnos que cantan la omnipotencia y la omnipresencia del *tao*, como se encuentran otras veces en obras taoístas anteriores. No puede desconocerse, sin embargo, que no siempre alcanza la altura de la concepción original. En lugar del carácter cualitativo esencial que corresponde al *tao* en Lao Tsé, aquí el *tao* se impregna de lo cuantitativo. Algunas de las frases indican que el *tao* se encuentra en una especie de conexión con el mundo, y que es el alma del mundo, alma omnipresente y, sin embargo, susceptible de estrecharse en limitación mágica. El mundo de los fenómenos y de las diferencias individuales, y el mundo de allende los fenómenos y las diferencias individuales comienzan a divergir en dos: mundo y trasmundo. No es, pues, extraño que se busquen medios mágicos para pasar del mundo al trasmundo, o para atraer el trasmundo a este mundo, alcanzando así la inmortalidad, es decir, la no muerte desde el punto de vista del nacimiento. Se quiere conservar el hecho de haber nacido, la vida de este mundo sin pagar el precio de la muerte, la salida de la vida fenoménica. En lugar de este precio se presenta el arte de la magia. Todavía tendremos que ocuparnos de este problema al tratar del taoísmo mágico. Aquí bastará con indicar los breves resquicios de la construcción ideológica, por donde pudo penetrar aquella nebulosidad.

Las influencias de la escuela confuciana, tal como se desarrolló en la metafísica de las obras *Gran Ciencia y Centro y Medida,* se muestran en Huainantsé en el hecho de que, en lugar del concepto *te* (vida, que en Lao Tsé significa la individualización del *tao*), utiliza el concepto confuciano Hsing («naturaleza», «esencia»). La esencia del hombre es originariamente como el *tao*, tranquila y pura, y sólo se enturbia *y* se hace inquieta al juntarse con los objetos que provocan apetitos y sentimientos. En su pureza, la esencia del hombre coincide con el *tao*. Esta esencia, primordialmente pura, habita en el hombre. Cierto es que aparece a veces encubierta como las nubes ocultan las estrellas; cierto que a veces vacila, como parece vacilar el cielo en medio de las olas agitadas; pero lo mismo que la estrella polar indica al navegante en el tumulto de los elementos el rumbo que debe tomar, también la esencia más profunda del hombre es la estrella directriz en medio de la agitación de la vida.

Para Huainantsé es bastante sencillo cultivar esta esencia. Como es buena originariamente y sólo se echa a perder por las influencias exteriores y por la reacción subsiguiente, basta alejar estas influencias exteriores y el hombre se vuelve por sí solo bueno. El deseo es, sin embargo, una cosa que Huainantsé reconoce como perteneciente por necesidad a la naturaleza del hombre y que no puede ser eliminada por completo. Pero mientras el deseo se refiera simplemente a la satisfacción de las necesidades naturales, no es perjudicial y no necesita ser combatido. Sólo cuando persigue fantasmas y pone a los hombres «fuera de sí» es cuando significa un mal y precisa ser destruido. Como, sin embargo, lo bueno está fundado en la esencia del hombre, éste no necesita obrar ni esforzarse, sino que le basta con escuchar simplemente su voz interior, y entonces se torna bueno por sí solo. Lo bueno es, por lo tanto, fácil de hacer, porque es natural, mientras que lo malo repugna a la naturaleza y hace que el hombre tenga que torcer su propia esencia.

Para que no se produzcan los desmesurados apetitos que conducen al mal, es necesario que se supriman, en lo posible, las diferencias que separan a los hombres en cuanto al goce y la posesión. Porque cuando los hombres no vean nada apetecible en los otros, no se dejarán arrastrar a la envidia y a la disputa. El mundo ideal de Huainantsé está, pues, pensado de manera que reine la mayor simplicidad posible, para que el contento general sea la causa de la felicidad general de la sociedad.

Dada la manera en que se compuso la obra, no puede extrañar que se encuentren en ella algunas contradicciones. Frente a la idea de que lo bueno es algo inherente por sí a la naturaleza, de suerte que sólo se trata de ponerlo en libertad por la educación y la instrucción, se encuentra, sin embargo, la otra opinión de que lo bueno y lo malo son disposiciones naturales, propias del destino humano. Hay hombres nobles que son buenos por sí mismos porque no pueden ser de otro modo. No necesitan aprenderlo ni ejercitarlo, porque se basa en su esencia primordial. Otros, en cambio, que no pueden mejorar, a pesar de la educación y de los esfuerzos, porque lo malo está inserto en su misma naturaleza. Estas disposiciones son tan necesarias como una cara bella o fea, en la que no puede cambiarse nada esencial por más adornos que se pongan. La influencia de la educación y de la cultura se extiende, según esta idea, sólo al gran número de los medianos que llevan en sí posibilidades en ambos aspectos. Esta oposición entre la necesidad (destino) y la libertad es seguramente algo muy difícil de vencer, si es que puede vencerse. También Confucio dijo una vez que los máximos santos y los mínimos necios no pueden cambiarse; aun cuando también era de opinión de que los hombres por naturaleza se aproximan entre sí y sólo se alejan por la costumbre.

En resumen, hemos de decir que en Huainantsé apenas si se encuentran indicios de una ideología propia, pero que su obra ecléctica no deja de tener sus méritos por la manera hábil en que trata de incluir las diversas tendencias de épocas pasadas en un sistema uniformemente cerrado, ensalzando lo bueno allí donde lo encuentra. También se extiende sobre el conjunto un hálito de suave bondad en el cual se nos muestra casi con seguridad la personalidad del príncipe que mandó componer esta obra a sus sabios de la corte.

Con las obras de Huainantsé hemos llegado al final de lo que podría llamarse literatura filosófico-creadora del taoísmo. Sin duda, el taoísmo ha influido también en los filósofos de otras escuelas, del mismo modo que encontramos influencias confucianas en el taoísmo a partir de Tschuangtsé. Los filósofos confucianos que se apoyan, entre otras, en teorías taoístas, son, por ejemplo, Tung Tschung Tsu y Yang Hsiung, así como el escéptico y materialista Wang Tsch'ung.

Mucho más importante que estas influencias del taoísmo, que se encuentran en los poetas de la tendencia confuciana, hasta en los tiempos más modernos y que, sobre todo, en las épocas de revueltas políticas, han conducido a los más reflexivos estadistas desde la palestra de la lucha diaria hasta las inmóviles montañas y las orillas del gran mar, es la corriente mágico-religiosa del taoísmo, que penetró también más tarde en el pueblo.

La filosofía clásica de China se caracteriza de un modo especial por su falta de supersticiones. Apenas hay otra literatura clásica de aquella época que pase tan majestuosa y tranquilamente junto a esas profundas regiones. Sin embargo, sería un error suponer que dicha capa profunda ha faltado en el pueblo chino. Siguió existiendo bajo las eminencias filosóficas y, junto a ellas, como suele ocurrir siempre cuando el pensamiento de algunos individuos se eleva a las altitudes más puras.

Los tiempos revueltos, a finales del período clásico, y el derrumbamiento de la vieja cultura hicieron que aquellas profundas capas volvieran a surgir a la superficie.

Esto ocurrió así por diversas circunstancias. La tendencia nórdica siempre había acentuado en el confucianismo el culto de los antepasados. Confucio mismo carecía, en este punto, de toda superstición. El culto de los antepasados era para él tan sólo la forma religiosa necesaria para la realización del deber ético del amor filial después de la muerte de los padres. No se pronunció jamás deliberadamente de un modo decisivo acerca de si los muertos tienen o no consciencia. Pero se comprende muy bien que ocuparse de manera solemne de la muerte, con los ritos de los enterramientos y el culto de los antepasados, tenía que producir sus efectos. La creencia en fantasmas, que en un principio nada tenía que ver con el culto a los antepasados, encontró aquí un punto de apoyo y fue desarrollándose con el tiempo, en la creencia popular (una abundante jerarquía de dioses y demonios) de la más diversa índole, relacionándose todos de algún modo con las almas desaparecidas de los hombres. La doctrina de Mo Ti, quien, por lo demás, tenía sentimientos racionalistas y utilitarios, reforzó esta tendencia con su resuelto teísmo y su acentuación de la creencia en seres superiores. Ni los finos escépticos ni los recios materialistas pudieron vencerla. Dioses y demonios hicieron de nuevo su aparición.

Pero también la tendencia meridional de la vida espiritual china ofrecía ciertos puntos de apoyo para esta nueva manera de pensar. En Tschuangtsé se encuentran muchas parábolas de adeptos y de «hombres verdaderos» en las que éstos se presentan como magos, «que, cuando las aguas llegan hasta el cielo, no se ahogan, y que en medio de un fuego, en el que se funden las piedras y los metales y las montañas, se desmenuzan en ceniza, no se abrasan». De aquí se formó después, en las esferas taoístas, la creencia de que era posible escapar en vida, por así decirlo, con todo el cuerpo a la alternativa de la muerte y el nacimiento, elevándose como un genio bienaventurado hasta una vida inmortal. En Tschuangtsé, vemos con claridad que se trata de experiencias místicas realizadas en una práctica sublime del yoga, cuando está «el corazón como ceniza muerta y el cuerpo como madera seca». Pero se comprende con facilidad la tendencia a pintar con recios colores estas experiencias hiperintelectuales y a proyectarlas en el variado mundo fabuloso de la superstición.

Hay que añadir a esto que una nueva filosofía natural, cuyos orígenes se hallan en el sabio Tsou Yan y su escuela –que se funda en las fuerzas duales de lo luminoso y lo sombrío (del *Libro de las mutaciones*) y en los cinco estados cambiantes de lo líquido, lo ígneo, lo metálico, lo vegetal y lo terrestre (del *Libro de los Documentos*)–, había creado una representación dinámica de la naturaleza, que abría un gran paso a lo maravilloso. Así se formaron las ideas alquimistas. Las maravillosas y secretas fuerzas de la naturaleza se quisieron emplear para crear la «píldora de oro», el elixir de la vida, que confiere la inmortalidad al cuerpo humano.

Además, otras razones del exterior estimularon estas opiniones. La cultura china arranca de la cuenca del río Amarillo. Hasta aquella época no penetró en la cuenca del Yangtsé. Pero no se halló con un terreno salvaje y sin cultivar, sino que encontró una cultura muy desarrollada, aunque con rasgos muy diferentes. Sobre todo, se había conservado una mitología floreciente, rica en ideas y en figuras. Esta mitología ejerció una fuerte influencia, principalmente en la tendencia meridional de la filosofía china. De esta fuente extrae Tschuangtsé, en gran parte, el rico tesoro de sus parábolas. Vemos cómo las figuras de esta mitología adquieren, sobre todo en las elegías de Tsch'u, una vida animada que invade desde este momento la literatura china. Pero la penetración hacia el sur llega hasta el mar. La vieja cultura china es continental. Ahora se pone en contacto con la esfera de influencia marítima. Como en toda cultura marítima, surge aquí el mito del sol unido al mito del mar. Aparecen de esta suerte los relatos de las tres islas afortunadas, que están lejos, al este, habitadas por espíritus bienaventurados, que escapan a la gravedad de la Tierra.

Como es natural, el taoísmo fue el que, por estar más próximo al sur, aceptó con singular entusiasmo estos nuevos mitos. Porque el taoísmo albergaba una serie de tendencias muy favorables a dichos mitos. Ya hemos tenido ocasión de tratar del pesimismo de Yang Tschu y del alejamiento del mundo en Tschuangtsé. Todas estas tendencias contenían puntos de partida propios para pintar un mundo mejor en el más allá, que, perdido en algún lugar remoto, ofrece la paz a los elegidos que huyen del combate de la vida.

La razón por la que esta tendencia penetró en el pensamiento chino durante siglos es que la nueva religión fue cultivada por numerosos príncipes de los siglos precristianos. Los magos, que estaban en posesión de todos aquellos secretos, se llamaban *Fang Schï*, lo que casi puede traducirse como «encantadores». Y éstos eran vistos con agrado en las cortes de los príncipes que habrían querido sumar, de buena gana, a su poder terrenal la inmortalidad. Y más de uno de estos príncipes se durmió para despertar en un trasmundo mejor con los electuarios preparados por los magos de la corte. Y resulta digno de advertir que, de la misma manera, se adhirieron a este taoísmo mágico los dos soberanos considerados más poderosos. Ts'in Schï Huang Ti, que después de haber reunido al mundo bajo su cetro, quiso también asegurarse un perpetuo disfrute del poder, reunió a un gran número magos de todas partes, y él mismo peregrinó a la montaña sagrada del este, al Taischan, para hacer en persona el sacrificio a su divinidad, que reina sobre la vida y la muerte, y que desde entonces desempeñó un gran papel en el taoísmo, y envió mensajeros al mar del este, todo un cortejo de doncellas y donceles que se hicieron al mar desconocido para descubrir las islas afortunadas, y, en fin, reunió a centenares de magos en su corte para preparar el elixir de la vida.

Pero también el fundador de la dinastía Han estaba muy próximo al taoísmo. Unos cuantos de sus héroes y consejeros –como el enigmático Tung Fang So, en el que, cien años después de su muerte, se vio una reencarnación de Lao Tsé, o su amigo más fiel, Tschang Liang (fallecido en 189 a. C.)– estaban muy cerca de las artes mágicas taoístas. Es conocida la leyenda que se ha formado alrededor de Tschang Liang. En su juventud se encontró sentado a un hombre muy viejo al que se le había salido una sandalia del pie. Tschang Liang la recogió con respeto y, a continuación, el anciano le dijo que se presentase cinco días después en un lugar determinado, donde le haría importantes revelaciones.

Al llegar Tschang Liang, ya estaba allí el viejo, que le reprendió por haberse retrasado y le encargó que volviese otro día. Pero Tschang Liang, que no se había dejado atemorizar, no llegó puntual hasta la tercera vez, y entonces el anciano le dio un libro cuyo estudio le permitiría llegar a ser el maestro de un emperador. Al mismo tiempo, le encargó que volviese trece años más tarde al mismo lugar, donde lo encontraría de nuevo como una figura de roca amarilla (Huang Schï). El libro le proporcionó a Tschang Liang la sabiduría con la que ayudó a su señor y amigo a obtener el éxito. Cuando regresó trece años después a aquel mismo lugar, vio, en efecto, una roca amarilla en la que reconoció a su viejo maestro.

Un descendiente de Tschang Liang, que nació en el año 34 d. C., fue Tschang Tao Ling. Nació junto al T'iän Mu Schan, en la actual provincia de Tschekiang, próximo a la desembocadura del Yangtsé. Se dedicó ya en edad temprana a estudiar las doctrinas taoístas –parece que ya a los siete años dominaba el *Tao Te King*–, desdeñó todos los honores y tesorosmundanales y se marchó hacia el oeste, el misterioso mundo montañoso de Setschuan, que es, todavía hoy, el lugar de donde provienen en China todos los milagros y doctrinas maravillosas.

Allí, después de una vida de ascetismo y meditación, halló, de una manera sobrenatural, al propio Lao Tsé, quien le dio un escrito mágico secreto. Más tarde regresó a la montaña del dragón y del tigre (Lung Hu Schan) en la provincia Kiangsi, donde alcanzó la inmortalidad. Sus sucesores y descendientes obtuvieron más tarde tierras en propiedad, que les fueron concedidas por los soberanos de las dinastías We, Tang y Sung, y también los mongoles fueron generosos con ellos. El título de T'iän Schï, «maestro del cielo», se hizo hereditario en la familia. Como en el Buda vivo, es siempre la misma personalidad la que se reencarna de nuevo; en este caso Tschang Tao Ling. Cada vez que muere el maestro del cielo, Tschang Tao Ling toma cuerpo de nuevo en un niño de la familia, que se da siempre a conocer de un modo sobrenatural.

El maestro del cielo alguna vez ha recibido el nombre de papa taoísta. Esto no es del todo exacto, porque aun cuando el maestro del cielo tiene un dominio incondicional sobre todos los demonios y espíritus que están irresistiblemente sometidos a sus encantamientos, sin embargo, sobre la «iglesia» taoísta, si es que puede hablarse de ella como tal, no tiene más que una influencia esencialmente moral, sin una base constitucional clara.

Hasta aquí podemos seguir la evolución del taoísmo. Más adelante, bajo la influencia del budismo, y en lucha con él, se ha ido desarrollando hasta formar otra cosa muy diferente de lo que en un principio fue. Pero estos cambios no pueden ser ya objeto de una sinopsis del taoísmo en relación a Lao Tsé, sino de una historia general de las religiones chinas.

CAPÍTULO X

SELECCIÓN DE TEXTOS TOMADOS DE ESCRITOS TAOÍSTAS POSTERIORES A LAO TSÉ

a) Liatsé

En el libro de Huangti se dice:

El espíritu del valle no muere,
es decir, la mujer sombría.
La puerta de la mujer sombría,
es decir, la raíz de cielo y tierra.
Sin cesar, como persistiendo,
actúa sin fatiga.

(Libro I, 1)

En el libro de Huangti se dice: «Cuando la forma actúa, no se produce forma, sino sombra; cuando el sonido actúa, no se produce sonido, sino eco; cuando el no ser actúa, no se produce no ser, sino ser. La forma es algo que necesariamente acaba; cielo y Tierra acabarán, acabarán al mismo tiempo que nosotros. ¿Estará entonces terminado todo? No lo sabemos. ¿Y cómo podría acabar el sentido del acontecer cósmico, puesto que, según su esencia, no tiene principio? ¿Cómo podría llegar a un límite exterior, puesto que, según su esencia, no envejece? Lo que tiene vida vuelve de nuevo a la no vida; lo que tiene forma vuelve a lo informe. Pero lo que no está vivo es por su esencia no viviente; pero lo informe es, por su esencia, sin forma. Todo lo vivo ha de terminar según leyes necesarias. Es algo que termina y que no puede menos que terminar, así como lo engendrado no puede menos que vivir.

Quien quisiera conservar su vida e impedir su fin se engañaría en las relaciones de la naturaleza. Lo espiritual forma parte del cielo; lo corporal forma parte de la Tierra. Lo que pertenece al cielo es luminoso y tiende a separarse; lo que pertenece a la tierra es turbio y se conglomera. Cuando el espíritu abandona la forma, vuelven ambas cosas a su verdadera esencia. Por eso se llaman los «regresados a su casa». En este caso, «regresar a su casa» se entiende a su verdadera casa.

El espíritu entra por sus puertas.
El cuerpo regresa a su raíz.
¿Cómo ha de poder durar así el Yo?

El hombre pasa, desde su nacimiento hasta su fin, por cuatro grandes mutaciones: niñez, juventud, vejez, muerte. En la niñez, la fuerza vital está recogida y la voluntad es uniforme: éste es el estado de la armonía suprema. El mundo exterior no daña, la esencia es perfecta en sí. En la juventud, hierve la fuerza vital de la sangre, surgen los deseos y los cuidados, el mundo exterior irrumpe dentro; por eso la esencia se consume. En la edad senil se debilitan el deseo y los cuidados. El cuerpo busca reposo, el mundo retrocede. Aun cuando no se ha alcanzado la perfección de la niñez, el estado es más tranquilo que en la época de juventud. Al morir se reposa y se regresa a su origen.

(Libro I, 4)

En el reino Ki vivía un hombre que tenía miedo de que el cielo y la Tierra pudieran caerse, de manera que no hubiera ya sitio para su persona. Y ni dormía ni comía. Había otro hombre que pasaba cuidados por los cuidados de aquél, y fue a tranquilizarlo. Dijo: «El cielo es la reunión del aire. No hay espacio sin aire. La contracción y la dilatación, la inspiración y la expiración alternan a diario en el espacio celeste. ¿Por qué habremos de temer que pueda caerse?».

El otro dijo: «Si el cielo es realmente la reunión del aire, ¿no podrán, sin embargo, caerse el Sol, la Luna y las estrellas?».

El que lo ilustraba repuso: «Sol, Luna y estrellas son sólo fenómenos luminosos en esta reunión de aire. Déjalos que caigan, que ni aun así resultará nadie lesionado».

El otro dijo: «Sí, ¿pero qué ocurrirá si la Tierra se parte en dos?».

El que lo ilustraba afirmó: «La Tierra es la reunión de las partes sólidas, de las que está relleno todo el espacio vacío. No hay espacio alguno sin partes sólidas. Por eso se puede marchar incesantemente sobre la Tierra, y no hay que temer que se parta en dos».

Entonces, a aquél se le quitó un gran peso de encima y tuvo una gran alegría, y al que lo ilustraba también se le quitó un gran peso de encima y también tuvo una gran alegría.

El sabio Tsch'ang Lu, tras oír esto, se burló de él y comentó: «Arcoíris, nubes y nieblas, viento y lluvia, y las cuatro estaciones son las reuniones de fuerza que se forman en el cielo. Montañas y colinas, ríos y mares, metales y rocas, fuego y madera son reuniones de materia que se forman en la Tierra. Cuando se sabe que tanto la fuerza como la materia son algo compuesto, ¿cómo puede pensarse que no han de perecer? Lo que llamamos cielo y Tierra es sólo una pequeña partícula en el espacio vacío. Es ciertamente indiscutible que estas cosas, las mayores dentro de la realidad que conocemos, no terminan ni se agotan con facilidad. También es indiscutible que no son fáciles de conocer y de calcular. Eso que inquietaba a aquél, de que pudiesen perecer, es una cosa que queda muy lejos. Pero lo que el otro decía, que no pueden perecer, tampoco es exacto. Cielo y Tierra perecerán inevitablemente y se desharán en sus componentes, y quien viva en la época de su aniquilamiento seguramente tendrá motivo para temer».

El maestro Liatsé oyó esto y dijo sonriente: «El que afirma que el cielo y la Tierra perecen está en un error; el que dice que no perecen también está en un error. Si perecen o no es algo que nosotros no podemos saber. Y, sin embargo, uno lo afirma y el otro lo niega. La vida no comprende a la muerte y la muerte no comprende a la vida. El porvenir no comprende al pasado y el pasado no comprende al porvenir. ¿Por qué, pues, he de inquietarme por si el cielo y la Tierra perecen o no?».

(Libro I, 11)

Huangti ocupó el trono durante quince años y tuvo la satisfacción de que el mundo lo sirviese. Cuidó de su vida, disfrutó de la belleza y los sonidos armoniosos, y se regocijó con viandas y gratos aromas. Pero estaba inquieto, de manera que su carne se secó; estaba turbado, de modo que sus sentimientos se tornaron confusos.

Otros quince años estuvo llorando por el hecho de que el mundo estuviera en desorden. Quiso alcanzar el conocimiento, agotó su sabiduría y trabajó por el pueblo. Pero estaba inquieto, de forma que su carne se secó; estaba turbado, así que sus sentimientos se hicieron confusos.

Entonces, Huangti suspiró profundamente y dijo entre sollozos: «¡Grande es mi falta. El hecho de cultivarme solamente a mí mismo me trae este dolor, poner orden el mundo trae este dolor!».

Renunció a sus mil pensamientos, abandonó las alcobas de su palacio, despidió a sus criados, suprimió la música de campanas y de cuerda, y redujo las viandas de la cocina. Se retiró, vivió en reposo en los aposentos del gran patio y concentró su espíritu para volver a dominar el cuerpo. Durante tres meses permaneció apartado de los negocios del gobierno. Entonces se durmió una vez de día y tuvo un sueño. Se trasladó al reino de los Hua Hsü. El reino de los Hua Hsü está al oeste del extremo oeste y al norte del extremo norte. No se sabe cuántos cientos de miles de leguas está apartado del estado Ts'i. No puede llegarse allí ni por la fuerza de buques o de carruajes ni andando. Sólo se accede mediante el vuelo del espíritu. Este país no tiene soberano: todo se hace por sí solo; el pueblo no tiene gobernantes; todo se hace por sí solo. No se conoce la alegría de la vida ni el horror de la muerte: por eso no existe la muerte prematura. No se conoce ni la adhesión a uno mismo ni el alejamiento de los demás; por eso no hay ni amor ni odio. No se conoce ni la evitación de lo repulsivo ni la búsqueda de lo grato; por eso no existe ni utilidad ni perjuicio. Nadie tiene una preferencia, nadie posee una aversión. Entran en el agua y no se ahogan, pasan por el fuego y no se queman; los golpes no les causan heridas ni dolor, rascarse no les produce ni picor ni ardor. Ascienden por el aire como se anda por la tierra; descansan en el espacio vacío como se duerme en un lecho; nubes y nieblas no velan su mirada. El rodar de los truenos no ensordece su oído. Ni la belleza ni la fealdad deslumbran su corazón. Ni los montes ni los valles les impiden su marcha. Caminan sólo en el espíritu.

Al despertar, Huangti comprendió y volvió en sí. Llamó a sus tres ministros y les dijo: «He vivido tres meses en la quietud y he concentrado mi espíritu para dominar de nuevo el cuerpo, y he pensado en la posesión del verdadero sentido para el cultivo de la persona y el orden del orbe terrestre. Pero no he hallado la buena manera de hacerlo. Entonces me he fatigado y me he dormido. Esto es lo que soñé. Ahora sé que el último sentido no puede hallarse por una busca apasionada. Ahora ya lo sé, ahora ya lo tengo, pero no os lo puedo decir a vosotros».

Y de nuevo pasaron veintiocho años y el orbe terrestre estaba en perfecto orden, casi como el reino de los Hua Hsü. Entonces, el soberano alcanzó el eterno descanso y el pueblo le lloró durante doscientos años sin cesar.

(Libro II, 1)

Liätsé tenía como maestro al viejo Schang y como amigo a Pe Kao. Una vez que poseyó el sentido de ambos maestros montó en el viento y voló hacia su casa. El escolar Yin oyó hablar de ello y siguió a Liätsé. Habitó con él durante varios meses sin ir a ver su casa, porque no tenía nada que hacer. Le rogó que le hiciera partícipe del modo en que se hacía aquello. Diez veces vino a verle y diez veces no le dijo nada el maestro. Entonces, el escolar Yin se enojó y se despidió. Liätsé tampoco le dijo entonces nada. El escolar se retiró durante algunos meses. Pero como no podía alejar de sí la idea, se dirigió de nuevo a él. Liase afirmó: «¿A qué vienes de nuevo?». El escolar Yin respondió: «Pregunté en una ocasión al maestro y éste no me dijo, por eso estuve enojado con él. Pero ya se me ha esfumado el enfado y por eso vuelvo».

Liätsé respondió: «Pensé que habías comprendido, y por lo visto, sólo fue un antojo trivial por tu parte. Siéntate y te diré qué es lo que he aprendido de mi maestro. Cuando me dirigí a mi maestro y entablé amistad con aquel otro, pasaron tres años.

146

Ni me atrevía a meditar dentro de mi corazón acerca de lo justo y lo injusto, ni a hablar con mi boca sobre la utilidad y el daño. Fue entonces cuando mi maestro me miró. Cinco años después pensé de nuevo con mi corazón sobre lo justo y lo injusto, y volví a hablar con mi boca sobre la utilidad y el daño. Entonces se iluminó por primera vez el rostro de mi maestro y sonrió. Siete años después dejé curso libre a los pensamientos de mi corazón, sin considerar lo justo y lo injusto, y también a las palabras de mi boca sin consideración a la utilidad y el daño. Fue entonces cuando mi maestro me permitió que me sentase a su lado, en la misma alfombra. Nueve años después, abandoné los pensamientos de mi corazón y las palabras de mi boca. Ya no sabía nada de lo justo y lo injusto, de la utilidad y del daño del Yo, ni tampoco sabía de lo justo y lo injusto, de la utilidad y del daño de los otros. Ni sabía tampoco que el maestro era mi maestro o que aquel otro era mi amigo. La diferencia entre fuera y dentro había concluido. Según esto, mi ojo era como mi oído, mi oído como mi nariz, mi nariz como mi boca, todo era común. Entonces, los pensamientos se condensaron y el cuerpo se espiritualizó, la carne se separó de los huesos, ya no tenía sensación alguna de dónde se apoyaba el cuerpo, de dónde se posaba el pie; seguí al aire hacia el este y hacia el oeste, como una hoja de árbol o como granza seca, y en realidad no sé si el viento me impulsaba a mí o si yo impulsaba al viento.

Ahora, mira: resides en la casa del maestro y antes de transcurrido un año te enojas dos o tres veces. El aire no podrá recibir ninguna parte de tu cuerpo, ninguno de tus miembros podrá sostener la Tierra. ¿Puedes esperar así entrar en el vacío y cabalgar sobre el viento?».

El escolar Yin se avergonzó tanto que se quedó completamente en silencio, y durante largo tiempo no osó hablar más.

(Libro II, 3)

En el reino de Tschu vivía un hombre, llamado Yin, que manejaba grandes bienes. Sus criados y siervos no descansaban ni de día ni de noche. Tenía un viejo siervo que era débil y achacoso y al cual todavía le hacía trabajar más. Por el día realizaba el siervo, jadeante, su trabajo. Por la noche estaba agotado y dormía profundamente. Su espíritu quedó libre y soñaba todas las noches que era un rey y que reinaba sobre muchos súbditos. Todos los negocios del reino estaban en sus manos. Se paseaba por sus palacios y gozaba cuanto su corazón apetecía. Su placer era incomparable. Al despertar, era siervo de nuevo.

Alguien lo compadeció por sus fatigas; entonces el viejo siervo dijo: «Aun cuando el hombre viva cien años, éstos siempre estarán divididos en días y noches. De día soy esclavo. ¿Que es penoso? Bien, que sea penoso. De noche soy un rey y gozo de delicias incomparables. ¿De qué puedo quejarme?

El señor Yin, en cambio, tenía en su corazón mucho trabajo con los negocios del mundo y muchos cuidados para aumentar su hacienda. Estaba, por tanto, fatigado en el alma y en el cuerpo. Por la noche, también estaba fatigado y se dormía. Todas las noches soñaba que era un siervo, que siempre tenía que andar de un lado para otro, haciendo toda clase de servicios. Había palos y malas palabras: nada faltaba. En su sueño sollozaba y estaba jadeante y sólo al llegar la mañana se tranquilizaba.

El señor Yin estaba enfermo y pidió consejo a un amigo. El amigo le dijo: «Tu posición te proporciona honores suficientes. Tienes muchos tesoros y riquezas. Te encuentras en una situación muchísimo mejor que muchos hombres. Si sueñas por la noche que eres un siervo, concuerda con la experiencia común de que la alegría y el dolor alternan en el destino. Tú querrías que te fuese tan bien estando despierto como estando dormido; pero esto no se le otorga a nadie».

El señor Yin escuchó el discurso de su amigo. Hizo más fácil el trabajo de su siervo y redujo los negocios que le inquietaban. De este modo su enfermedad se alivió un poco.

(Libro III, 6)

El canciller de Tsch'en se dirigió a Lu y le comentó: «Entre los discípulos de Lao Tan hay uno que se llama Kong Sang, que conoció el sentido de Lao Tan, y sabe ver con los oídos y oír con los ojos».
El príncipe de Lu oyó hablar de ello y se maravilló muchísimo. Envió a un mensajero distinguido a buscarlo con ricos presentes. Kong Sang aceptó la invitación y fue. El príncipe de Lu le preguntó con palabras de cortesía. Kong Sang dijo: «Estos informes son falsos. Puedo ver y oír sin emplear los ojos y los oídos; pero no puedo cambiar el uso del ojo y del oído». El príncipe de Lu respondió: «Esto es mucho más extraño. Me gustaría saber cómo se hace». Kong Sang intervino: «Mi cuerpo es una misma cosa con el sentimiento; el sentimiento es una misma cosa con la fuerza; la fuerza es una misma cosa con el espíritu; el espíritu es una misma cosa con el no ser. El ser más insignificante, el sonido más tenue, aun cuando estén lejos, fuera de los ocho desiertos, o cerca, dentro de las pestañas, si influyen sobre mí, lo advierto con seguridad. Pero no sé si se trata de una sensación o de un conocimiento anímico. Sólo tengo el conocimiento y nada más». El príncipe de Lu quedó muy satisfecho y, al día siguiente, se lo contó a Confucio. Confucio sonrió y no dijo nada.

(Libro IV, 2)

Cuando el ojo está próximo a la ceguera,
ve los cabellos más finos.
Cuando el oído está próximo a la sordera,
oye el más mínimo zumbido de las moscas.

Antes de que el paladar se hastíe,
conoce de qué fuente es el agua.
Cuando el olfato está próximo a perderse,
percibe lo mohoso de la madera seca.
Cuando el cuerpo está cerca de la parálisis,
necesita moverse incansablemente.
Antes de que el corazón esté ensombrecido por la locura,
distingue claramente lo justo y lo injusto.
Antes de que lo más extremo haya sido alcanzado,
nada se trueca en lo contrario.

(Libro IV, 10)

Kuan Yin Hsi[12] repuso: «El que se apoya sobre sí mismo no se detiene. Formas y cosas le parecen brillantes. Es movedizo como el agua y tranquilo como un espejo. En sus reacciones es como el eco. Por eso, su sentido es una fiel imagen del mundo exterior. El mundo exterior contradice, por su parte, al sentido, pero el sentido no contradice al mundo exterior. Por eso, el que entiende este sentido no necesita ni el oído, ni la vista, ni la fuerza, ni la consciencia.

Al que le apetece este sentido y lo busca con el ojo y el oído, con la corporeidad y con el conocimiento, está en la falsa vía. Se dirige hacia adelante y, súbitamente, está detrás de él. Si se le utiliza, llena todo el vacío; si se le despacha, no se sabe dónde se ha quedado. Ni está lejos para que se le pueda encontrar por una indagación consciente, ni está cerca para que se le pueda encontrar por una casualidad inconsciente. Sólo se le alcanza en silencio. Y solamente quien haya perfeccionado su ser lo alcanza.

Conocer sin pasión, poder sin acción es verdadero conocimiento y el verdadero poder. El que desarrolla en sí mismo la

---

12. El portero del paso de Hanku.

supresión del conocimiento, ¿cómo no ha de ser apasionado? El que desarrolla en sí mismo la supresión del poder, ¿cómo no ha de complicarse en acciones? El que reúne cosas terrenales y amontona polvo, aun cuando ejercite el no obrar, todavía no ha penetrado hasta la verdadera razón».

(Libro, IV, 15)

El maestro K'ung peregrinaba por el este. Vio a dos niños que disputaban. Preguntó el motivo, y uno de los niños le dijo: «Cuando sale el Sol, está más cerca de los hombres; a la hora del mediodía está más lejos». El otro respondió: «Cuando sale el Sol, está más lejos, y al mediodía, más cerca».

El primer niño afirmó: «Cuando sale el Sol, es tan grande como una rueda de carro, y al mediodía sólo es como un plato. Lo que está más lejos parece más pequeño, lo que está más cerca parece más grande. ¿No es así?». El otro niño dijo: «Cuando sale el Sol está frío y opaco. Al mediodía está como agua hirviendo. Lo que está más cerca está más caliente, lo que está más lejos está más frío. ¿No es así?».

El maestro K'ung no pudo fallar la cuestión. Entonces, los dos niños se rieron y exclamaron: «¿Quién podrá afirmar que sabes mucho?».

(Libro V, 8)

Kung Hu, de Lu, y Ts'i Ying, de Tschao, estaban enfermos, y ambos rogaron a Piän T'süo que los curase. Piän T'süo los curó. Cuando ambos estuvieron curados, habló así a Kung Hu y a Ts'i Ying: «La enfermedad que teníais hace poco había penetrado desde fuera a los intestinos, y, por tanto, podía curarse con medicinas. Pero tenéis también otra enfermedad que ha nacido con vosotros y que crece con vosotros: ¿qué tal si os curase?». Los dos hombres exclamaron: «Primero querríamos oír el resultado final de la investigación». Piän T'süo le dijo a Kung

Hu: «Tu voluntad es fuerte y tu fuerza es débil; por eso tienes muchos proyectos pero poca resolución. La voluntad de Ts'i Ying es débil y su fuerza es poderosa; por eso piensa poco y es obstinado. Si os cambio vuestros corazones, conseguiréis el justo equilibrio».

Piän T'süo les dio entonces a beber vino venenoso para que estuviesen durante tres días sin conocimiento. Luego les abrió el pecho, sacó los corazones y los volvió a colocar, cambiando el uno por el otro. Les dio entonces un nuevo filtro mágico. Cuando volvieron en sí y se repusieron, se despidieron y regresaron al hogar.

Pero Kung Hu se fue a casa de Ts'i Ying y se apoderó de su mujer e hijos. Y mujer e hijos no lo conocían. Asimismo, Ts'i Ying se marchó a casa de Kung Hu y tomó a su mujer y a su hijo. Mas tampoco la mujer y el hijo lo conocían. Las dos casas se pelearon por ello y le rogaron a Piän T'süo que les diera una razón. Piän T'süo les explicó los motivos. Entonces la disputa terminó.

(Libro V, 10)

Hace muchos años vivía en Han una muchacha llamada Wo. En una ocasión llegó hacia el este, hasta Ts'i. Entonces le faltó el pan. Pasó por Yung Men y cantó a cambio de dinero para conseguir alimento. Después de haberse marchado de allí, todavía el eco rodó por las vigas del techo durante tres días, sin extinguirse, de suerte que los presentes creían que todavía la niña no se había marchado.

Pasó por una venta. Las gentes de la venta la insultaron. Entonces levantó su voz, se lamentó y lloró, de manera que los viejos y los jóvenes en muchas leguas a la redonda vertieron lágrimas de pena y se miraron, y durante tres días no pudieron comer nada. Entonces echaron a correr detrás de ella y la alcanzaron. En ese momento, alzó de nuevo su voz y cantó una canción que hizo saltar y brincar de alegría a viejos y jóvenes en muchas leguas a la redonda sin poderse contener. Y olvidaron su duelo de antes y la despidieron con regalos.

Por eso, las gentes de Yung Men son, hasta el presente día, muy hábiles en cánticos y lamentos, porque imitan los ecos de Wo.

(Libro V, 12)

b) Yang Tschu

La libertad dijo a la necesidad: «Tus efectos no pueden compararse con los míos». La necesidad respondió: «¿Qué efectos produces sobre la naturaleza, tú, que quieres compararte conmigo?». La libertad afirmó: «Vida larga y corta, éxito y fracaso, honor y bajeza, pobreza y riqueza: todo eso está en mi poder».

La necesidad repuso: «El abuelo P'ong no era más sabio que los santos soberanos Yao y Schun, y, sin embargo, alcanzó la edad de ochocientos años. Yän Yüan, el discípulo predilecto de K'ung, no tenía menos dotes que los otros, y, sin embargo, murió a los treinta y dos años. La fuerza intelectual de K'ung no era menor que la de los príncipes de su época, y, sin embargo, pasó necesidades en Tsch'en y en Ts'ai. La vida del tirano Tschou Hsin, de la casa Yin, no fue mejor que la de los tres prefectos de su época, y, sin embargo, se sentó sobre el trono. El honorable Ki Tscha no obtuvo el territorio Wu, y al asesino Hong, de la casa T'iän, le dieron la soberanía única en el estado Ts'i. Los hermanos Po I y Schu Ts'i, invencibles en bondad, se murieron de hambre en la montaña Schou-Yang. La mala casa de Ki se hizo más rica que Tschan K'in.

Si todo esto, ¡oh libertad!, ha acaecido por tu causa, ¿por qué diste precisamente a aquél tan larga vida y a éste tan corta? ¿Por qué enviaste el fracaso para el santo y el éxito para el pecador? ¿Por qué rebajaste al digno y honraste al necio? ¿Por qué hiciste pobres a los buenos y ricos a los malos?». La libertad dijo: «Si es así como tú dices, entonces no tengo, efectivamente, acción sobre la naturaleza. El hecho de que la naturaleza se comporte así, ¿es, pues, algo que has hecho tú?». La necesidad comentó: «Si me llamo necesidad, ¿cómo puede entonces hablarse de hacer? Realizo lo recto y tolero lo torcido. ¿De dónde viene la edad avanzada, de dónde la muerte prematura, de dónde el fracaso, de dónde el éxito, de dónde el honor, de dónde la bajeza? No puedo conocer nada de esto».

(Libro VI, 1)

Yang Tschu, durante sus viajes por Lu, pernoctó una vez en la casa de la familia Mong. El señor Mong preguntó y dijo: «A fin de cuentas, no somos más que hombres. ¿Para qué sirve la gloria?». Él respondió: «Los que persiguen la gloria lo hacen para hacerse ricos». «Pero cuando uno es rico, ¿por qué no cesa entonces?». Él contestó: «Por el honor». «Pero cuando uno tiene honores, ¿por qué no cesa entonces?». Él respondió: «Por la muerte». «Cuando uno está muerto, ¿qué puede todavía apetecer?». Él contestó: «Puede ocuparse de sus hijos y nietos». «¿Y cómo puede aprovechar la gloria a los hijos y nietos?». Él dijo: «El que es célebre tiene, por su parte, muchas fatigas y cuidados. Los que se benefician de su gloria son los de su estirpe; los que sacan la utilidad son sus compatriotas; ¡y cuánto más obtendrán sus hijos y nietos!». «Pero el que busca la gloria ha de ser desinteresado, y el desinterés conduce a la pobreza. El que busca la gloria ha de ser humilde, pero la humildad conduce a la pequeñez». Él dijo: «Kuan Tschung fue canciller en Ts'i. Su príncipe era derrochador; él también lo era; su príncipe era exuberante; él también lo era. En la dirección de su voluntad estaba de acuerdo con él; en sus palabras se guiaba por él. Su camino tuvo éxito y el predominio fue alcanzado en el imperio.

Pero tras su muerte, fue simplemente Kuan Tschung y nada más. El hombre T'iän era canciller en Ts'i. Si el príncipe era orgulloso, él se mostraba afable; si el príncipe era codicioso, él se mostraba generoso. Todo el pueblo estaba de su parte, y llegó al trono de Ts'i, y sus descendientes todavía lo disfrutan sin interrupción hasta el día de hoy». «¿Es decir, que, por lo tanto, la verdadera gloria conduce a la pobreza, y la gloria fingida a la riqueza?». Él dijo: «Lo que es verdadero no alcanza gloria alguna; lo que disfruta de gloria no es verdadero. Todos los hombres famosos son hipócritas y nada más. Hace tiempo que Yao y Schun ofrecieron con hipocresía el imperio a Hsü Yu y a Schan K'üan; por eso no han perdido el imperio y han gozado de una edad de cien años. Po I y Schu Ts'i renunciaron en realidad al trono de Ku Tschu y perdieron para siempre su imperio, muriendo de hambre en la montaña Schou-Yang. En estos ejemplos puede verse a cuán distintos resultados conducen la verdad y la hipocresía».

(Libro VII, 1)

Yang Tschu afirmó: «Los seres son distintos los unos de los otros durante la vida; en la muerte son iguales. En la vida hay sabios y hay necios, hay gente distinguida y gente insignificante, y, por lo tanto, existen diferencias. Con la muerte viene la putrefacción, la corrupción, la disolución y el aniquilamiento, y, por lo tanto, la igualdad. A pesar de ello, la sabiduría o la necedad, la distinción o la inferioridad no están en el poder del hombre; tampoco la putrefacción, la corrupción, la disolución y el aniquilamiento están en su poder.

Por lo tanto, los que viven aquí no viven por sí mismos, y los que mueren aquí no mueren por sí mismos; los sabios no son sabios por sí mismos, y los necios no son necios por sí mismos; los distinguidos no son distinguidos por sí mismos, y los bajos no son bajos por sí mismos. Más bien la totalidad de los seres vive y muere simultáneamente, y es a un mismo tiempo sabia y necia, a un tiempo distinguida y baja.

Uno muere a los diez años; otro, a los cien. Santos perfectos mueren de igual manera que necios malignos. En vida eran patriarcas (Yao y Schun), en la muerte son huesos podridos. En vida eran monstruos (Kä y Tschu), en la muerte son huesos podridos. Como huesos podridos, ya son de una misma clase; ¿quién podrá ahora distinguirlos? Por eso, ¡sujetemos la vida presente! ¡Para qué inquietarse por lo que venga detrás de la muerte?».

(Libro VII, 3)

Mon Sun Yang preguntó al maestro Yang y dijo: «Suponiendo que un hombre trata de buscar la inmortalidad estimando su vida y cuidando con cariño de su cuerpo: ¿hay que aprobar esta conducta?». Aquél dijo: «Las leyes de la naturaleza no consienten inmortalidad alguna». «Supongamos que trata de prolongar su vida. ¿Hay que aprobar esto?». Él constestó: «Las leyes de la naturaleza no consiente prolongación de la vida. La vida no puede conservarse estimándola; el cuerpo no puede mantenerse sano por amorosos cuidados. Y entonces: ¿qué objeto tiene la prolongación de la vida? Las inclinaciones y aversiones de los sentimientos permanecen lo mismo desde tiempo inmemorial; la seguridad y la inseguridad de los miembros permanecen los mismos desde tiempo inmemorial hasta hoy; las alegrías y los pesares de los negocios del mundo permanecen los mismos desde tiempo inmemorial hasta hoy; la mutación y el cambio del orden y la confusión permanecen los mismos desde tiempo inmemorial hasta hoy. Cuando se ha oído todo esto ya una vez, cuando se ha visto todo, cuando se ha pasado todo, en cien años ya se está harto de ello. ¡Cuán amarga sería entonces otra prolongación de la vida!».

Mon Sun Yang dijo: «Si una muerte prematura es mejor que una larga vida, puede alcanzarse el objetivo precipitándose sobre el corte de un sable o saltando al agua o al fuego». El maestro Yang repuso: «No es así. Una vez que se está dentro de la vida hay que tomarla sin darle importancia, dejando que pase, observando los deseos y esperando la muerte. Si luego se aproxima la muerte, tampoco hay que darle importancia, hay que dejar que pase, observar lo que ocurre y entregarse así a la disolución. A ninguna de ambas cosas hay que darle importancia; las dos deben dejarse pasar. ¿Qué necesidad hay de titubear o de apresurarse en este breve lapso de tiempo?».

(Libro VII, 10)

El señor T'iän, de Ts'i, ofrecía en su patio un gran banquete y se sentaba en medio de mil invitados.

Al llegar el pescado y la aves, los contempló y dijo entre sollozos: «¡Qué bueno es el cielo para los hombres! Hace que el trigo crezca y produce peces y aves para nuestro uso».

Todos los invitados asintieron como un eco.

Pero entre ellos estaba el hijo de Pao, un muchacho de doce años. Este hizo una observación impertinente y dijo: «No es como dice el señor. Todos los seres en el mundo son criaturas y semejantes. Entre ellos no hay unos más nobles y otros más bajos. No se superan más que por el tamaño, la agudeza y la fuerza, y luego, por turno, se comen los unos a los otros. Pero no es que hayan sido engendrados los unos para los otros. Lo que el hombre consigue de cosas comestibles las come. Pero no es que hayan sido originariamente creadas por el cielo para los hombres. Las moscas y los mosquitos nos pican en la piel; los lobos y los tigres tragan nuestra carne. Pero no por eso ha hecho crecer el cielo originariamente a los hombres y a su carne para las moscas y los mosquitos, para los lobos y los tigres.

(Libro VIII, 28)

c) *Tschuangtsé*

En la región desarbolada del norte, hay un mar profundo como un abismo: el mar del cielo. Vive allí un pez que seguramente tiene una anchura de varias leguas y nadie conoce su longitud. Se llama K'un. Hay también un ave que se llama P'ong. Su cuerpo es como el de la gran montaña; sus alas se asemejan a nubes que cuelgan del cielo. Asciende en un torbellino, describiendo círculos a muchas leguas de distancia, hasta donde terminan las nubes y el aire, y donde ya sólo tiene el cielo azul oscuro sobre sí. Entonces se dirige hacia el sur y vuela sobre el océano meridional.

Una codorniz, que revoloteaba, se rio de él y le dijo: «¿Adónde pretende ese salir? Yo vuelo hacia arriba y apenas recorro algunas toesas y me dejo caer de nuevo. Revolotear así en la espesura es lo máximo que puede hacerse en cuestión de vuelo. Pero ¿adónde pretende salir?».

Ésta es la disputa entre lo grande y lo pequeño. Hay uno, cuya ciencia basta para desempeñar un cargo determinado, uno que por su actuación puede mantener reunida una comarca concreta, cuyas dotes intelectuales se adaptan a un amo determinado y que puede alcanzar éxito en un país concreto. Éste se hará el mismo efecto a sí mismo que esta codorniz.

Sung Ying Ts'i volvió a burlarse de estas gentes. Cuando todo el mundo lo ensalzaba, esto no le hacía mella alguna; cuando todo el mundo lo desautorizaba, no se inquietaba por ello. Tenía plena seguridad acerca de la diferencia entre lo interior y lo exterior, y lograba distinguir con claridad los límites entre el honor y la vergüenza. No iba más allá. Era, sin duda, independiente ante el mundo, y, sin embargo, todavía no alcanzó lo último.

Pero estaba, además, Liätsé, que podía hacerse impulsar por el viento con una superioridad magnífica. Hasta quince días después no regresó. Mostraba una absoluta independencia ante el afán de felicidad, pero aun no teniendo que estar pendiente de sus piernas, dependía, sin embargo, de cosas que estaban fuera de él. Pero quien sepa apropiarse la esencia más íntima de la naturaleza y hacerse impulsar por la acción de las fuerzas primitivas para ir allí donde ya no hay fronteras no dependerá de ninguna cosa externa.

El hombre superior está libre del Yo; el hombre espiritual está libre de las obras; el santo elegido está libre del nombre.

(Libro I, 1)

Nan Ko Tsï K'i estaba sentado con la cabeza entre las manos, inclinado sobre su mesa. Miró hacia el cielo y respiró como ausente de todo, como si hubiese perdido el mundo en torno a él.

Un discípulo que estaba ante él solícito, dijo: «¿Qué pasa aquí? Puede realmente un hombre solidificar el cuerpo como la madera seca y extinguir todos los pensamientos como la ceniza muerta? Estáis de manera muy diferente, maestro, a como de ordinario os veo inclinado sobre vuestra mesa».

El maestro K'i repuso: «Está muy bien que preguntes acerca de esto. Hoy he enterrado a mi Yo. ¿Sabes lo que esto significa? ¿Acaso has oído la música del órgano de los hombres, pero todavía no has percibido la música del órgano de la Tierra? ¿Acaso has oído la música del órgano de la tierra, pero la música del órgano del cielo todavía no la has percibido?».

Dijo el discípulo: «¿Podría saber cómo es esto?».

El maestro K'i afirmó: «La gran naturaleza expele su aliento; se le llama viento. Justamente ahora no sopla, pero cuando lo hace, todos los orificios suenan con violencia. ¿Todavía no has escuchado ese mugido? Las rápidas pendientes de los bosques montañosos, las cavidades y agujeros de los árboles milenarios son como narices, como bocas, como orejas, como tragaluces, como anillos, como morteros, como charcos, como lagunas. Allí silba, zumba, grita, sopla, llama, gime, retumba, cruje. El sonido es agudo, luego vienen tonos jadeantes. Cuando el viento sopla con tranquilidad, hay suaves armonías; cuando el huracán se encrespa, hay fuertes armonías. Cuando se apacigua el feroz huracán, todos los orificios permanecen vacíos. ¿Has visto cómo todo tiembla después y oscila?».

El discípulo dijo: «La música del órgano de la Tierra sale, pues, sencillamente por los distintos orificios del mismo modo que la música del órgano de los hombres lo hace por tubos colocados en hilera. Pero ¿podría saber cómo es la música del órgano del cielo?».

El maestro K'i afirmó: «Sopla de mil formas diversas. Pero detrás de todo esto hay una fuerza impulsiva que hace que aquellos sonidos acaben y que todos ellos se alcen. Esta fuerza de impulsión, ¿quién es?».

(Libro II, 1)

Yän Hui dijo: «¿Podría saber qué es el ayuno del corazón?».

Kungtsé contestó: «¡Que tu objetivo sea la unidad! No oigas con el oído, sino con la conciencia; no oigas con la conciencia, sino con el alma. El oído no puede hacer otra cosa sino oír, la conciencia no puede hacer otra cosa más que comprender. El alma ha de estar vacía y preparada para recibir las cosas. El sentido es quien puede reunir lo vacío. Este estar vacío es el ayuno del corazón».

Yin Hui repuso: «Que yo no esté todavía en disposición de ir por este camino proviene de que yo existo en forma de Yän Hui. Si pudiera seguirle, mi existencia quedaría suprimida. ¿Es esto lo que quiere decir vacío?».

El maestro respondió: «Lo has comprendido. Quiero explicártelo. Cuando hayas alcanzado este punto de vista, entonces podrás penetrar en el recinto de los hombres y pasearte por él sin dañar su amor propio. Si encuentras la entrada, canta tu canción; si no la hallas, detente. No es desde fuera desde donde debes querer aproximarte, y no por medios violentos. Que tu compañero sea la unidad y que tu casa sea la necesidad. De esta forma acaso puedas alcanzar algo. Borrar sus huellas es fácil, no tocar la tierra al caminar es difícil. Como embajador de un amo humano, acaso pueda echarse mano del engaño, pero el cielo no tolera en su servicio engaño alguno.

Has oído decir que se puede volar con alas, pero todavía no has escuchado nada de cómo se puede volarse sin alas. Has oído decir que por la ciencia se puede saber, pero todavía no has oído nada de cómo se puede saber sin la ciencia. ¡Mira aquel orificio allí en la pared! El cuarto vacío se ilumina a través de él. En quien sea así, residirán la dicha y las bendiciones, pero no quedan limitadas a él; esto es recorrer sentado apresuradamente el mundo. Cuando se puede utilizar el ojo y el oído para la contemplación interior, fuera del conocimiento consciente, entonces vienen los invisibles a alojarse allí, y los hombres, naturalmente, con mayor razón.

(Libro IV, 1)

Nan Ko Tsï K'ui interrogó a Nü Yü, y le dijo: «Sois viejo en años, y, sin embargo, vuestro aspecto es como el de un niño. ¿De dónde viene esto?».

Aquél dijo: «He percibido el sentido».

K'ui contestó: «¿Es el sentido algo que pueda aprenderse?».

Aquél afirmó: «No, ¿cómo sería posible? No sois el hombre adecuado para ello. Aquí está P'u Hsiang I, que tiene las dotes de un elegido, pero no tiene su sentido. Comprendo el sentido del elegido, pero no tengo las dotes. Quiero instruirlo; tal vez pudiera esperarse que sea un elegido. Pero aun prescindiendo de ello, es fácil hacer saber el sentido del elegido a un hombre que tiene la aptitud respectiva. Si lo tuviese conmigo para instruirle, en tres días habría adelantado tanto que habría vencido el mundo. Después de haber vencido el mundo, en siete días le volvería a hacer progresar tanto que vencería las cosas. Después de otros siete días le haría avanzar tanto que habría vencido la vida. Después de vencer la vida, podría ser tan claro como la mañana, y en esta claridad de la mañana podría mirar lo intemporal. Si contemplase lo intemporal, ya no habría para él ni pasado ni presente; más allá de lo pasado y de lo presente podría penetrar en el terreno en que ya no hay ni muerte ni nacimiento. Lo que provoca la muerte de la vida no está, por su parte, sometido a la muerte; lo que engendra la vida no nace por su parte. Es un ser que dirige todas las cosas, que recibe todas las cosas, que destruye todas las cosas, que termina todas las cosas. Su nombre es descanso en la pelea. Descanso en la pelea significa que por la pelea se perfecciona.

(Libro VI, 2)

El maestro Sï, el maestro Yü, el maestro Li y el maestro Lai estaban conversando entre ellos. «¿Quién es capaz de tener a la nada por cabeza, a la vida por espalda y a la muerte por cola? ¿Quién sabe que el nacimiento y la muerte, el vivir y el morir forman un todo? Con quien lo sepa queremos hacer amistad».

Entonces, los cuatro hombres se miraron y se rieron, y como todos estaban de acuerdo en su corazón, sellaron juntos amistad.

Poco después, el maestro Yü cayó enfermo. El maestro Sï fue a verlo. Aquél dijo: «¡Grande es el Creador que así me ha cogido!».

En la espalda le había salido un tumor maligno con cinco agujeros. Su constitución corporal estaba revuelta, pero en su corazón estaba inconmovible y tranquilo.

Se arrastró hasta la fuente, vio su imagen en el agua y repuso: «¡Ah, cómo me ha tratado el Creador!».

El maestro Sï dijo: «¿Te duele?».

El otro contestó: «No, ¡cómo ha de dolerme! Si me deshace y transforma mi brazo izquierdo en un gallo, cantaré la hora por la noche; si me deshace y transforma mi brazo derecho en una ballesta, cazaré búhos para asarlos; si me deshace y transforma mis caderas en un coche y mi espíritu en un caballo, subiré a él y no necesitaré ningún otro vehículo. El recibir tiene su hora, el perder está en el curso de las cosas. Al que sabe contentarse con el tiempo que le corresponde y conformarse con el curso de las cosas ni la alegría ni el dolor le harán mella. Me aproximo ahora al momento que han calificado los antiguos como el desate de los lazos. El que está atado no puede desatarse por sí solo; las circunstancias lo atan, pero éstas no son más fuertes que la naturaleza. Esto siempre ha sido así, ¿qué ha de dolerme en ello?».

No mucho tiempo después, cayó enfermo el maestro Lai, y estaba con estertores de muerte. Mujer e hijo lo rodeaban, bañados en lágrimas.

El maestro Li fue a verle. Exclamó: «¡Fuera, retiraos, no le detengáis en su transformación!».

Después se apoyó en la puerta, habló con él y dijo: «Grande es el Creador, ¿qué hará de ti ahora? ¿Adónde te conducirá ahora? ¿Hará de ti un hígado de rata o una pata de mosca?».

El maestro Lai contestó: «Cuando los padres ordenan al hijo que vaya del oriente al occidente, o del norte al sur, el hijo obedece simplemente a su mandato. La naturaleza es para el hombre más que el padre y que la madre; si quiere acelerar mi muerte y yo no quisiera obedecer, sería rebelde. ¿Qué se le puede reprochar? El Gran Todo me llevó a través de la corporeidad, me deshizo por la edad, me proporciona tranquilidad por la muerte. Así, la fuerza que se ha portado bien con mi vida se portará también bien con mi muerte. Cuando el gran fundidor funde su metal, si este metal quisiera saltar y decir «quiero que hagas de mí un sable de Mo Yä», entonces el gran fundidor seguramente consideraría inservible el metal. Si yo, después de haber recibido una vez figura humana dijese: «Hombre de nuevo, quiero ser hombre de nuevo», entonces el Creador casi con seguridad me consideraría inservible para hombre. Ahora bien, la naturaleza es el gran horno de fusión y el Creador es el gran fundidor; adonde me envíe, estaré conforme. Está consumado, me duermo y volveré a despertar tranquilamente».

(Libro VI, 3)

El hombre superior utiliza su corazón como un espejo. No persigue las cosas ni les sale al paso. Las refleja pero no las retiene. Por eso puede vencer al mundo sin resultar herido. No es esclavo de su gloria; no alberga proyectos; no se ocupa de los negocios; no es señor del conocimiento. Tiene en cuenta lo más pequeño y, sin embargo, es inagotable y reside más allá del Yo. Acepta hasta lo último que el cielo le otorgue, y tiene, no obstante, como si no tuviera nada. Permanece vacío.

(Libro VII, 6)

El señor del mar del sur era el tornasolado; el señor del mar del norte era el viajero; el señor del centro era el inconsciente.

El tornasolado y el viajero se encontraban con frecuencia en el país del inconsciente, y el inconsciente los acogía siempre con amabilidad. El tornasolado y el viajero meditaron cómo podrían pagar la bondad del inconsciente. Dijeron: «Todos los hombres tienen siete orificios para ver, oír, comer y respirar. Solo él no tiene ninguno. Probemos a perforárselos».

Así cada día le perforaban un orificio. Al séptimo día el inconsciente había muerto.

(Libro VII, 7)

Huangti peregrinaba por el norte del lago rojo. Subió al monte K'unlun y miró hacia el sur. Al regresar perdió su perla mágica. Envió al conocimiento. Éste la buscó y no la encontró. Envió a la mirada penetrante. Ésta la buscó y no la encontró. Envió al pensamiento. Éste la buscó y no la encontró. Envió al olvido de sí mismo. El olvido de sí mismo la encontró. Huangti dijo: «Es realmente extraño que justo el olvido de sí mismo haya sido capaz de encontrarla».

(Libro XII, 4)

La época de las crecidas otoñales había llegado; cientos de torrentes vertían sus aguas en el río Amarillo. La corriente, henchida, fluía turbia entre las dos orillas, de forma que de un lado a otro no se podía ya distinguir un caballo de un buey. El dios del río se sintió orgulloso por esto, se alegró y tuvo la sensación de que disponía de toda la belleza del mundo. Bajó corriente abajo hacia oriente, hasta el mar del norte. Entonces dirigió la faz hacia oriente y observó. Pero no descubrió el término del agua. Entonces, el dios del río se volvió, miró hacia el dios del mar y dijo sollozante: «Lo que dice el refrán: "Quien conoce cien caminos se tiene por incomparablemente sabio", me toca también a mí. Es verdad que he oído que hay cosas frente a las cuales la sabiduría de Confucio y la justicia de Po I parecen pequeñas, pero nunca lo he creído del todo. Hasta ahora no he visto bien vuestra inagotabilidad. Si no hubiese llegado hasta vuestra puerta, hubiera estado expuesto a que los maestros del Gran Consejo se hubiesen burlado de mí».

El dios del mar del norte repuso: «Con una rana de estanque no se puede hablar acerca del mar; está circunscrita a su agujero. Con un ave de verano no se puede hablar acerca del hielo; está circunscrita a su tiempo. Con un especialista no se puede hablar acerca del sentido; está circunscrito a su doctrina.

Hoy has salido de tus límites, has visto el gran mar y conoces tu pobreza. Ya se puede hablar contigo sobre el gran orden».

(Libro XVII, 1)

Tschuangtsé vio una vez, mientras caminaba, una calavera vacía que aun cuando estaba blanca conservaba su forma. Le dio un golpecito con su fusta y comenzó a preguntarle: «¿Te has desviado, por afán de vida, del sendero de la razón, llegando a esta situación? ¿O has hundido algún imperio y has sido ejecutada con el hacha hasta llegar a esta situación? ¿O has llevado una mala vida arrojando el deshonor sobre padre y madre, mujer e hijo para llegar a esta situación? ¿O has sucumbido de hambre y frío para llegar a esta situación? ¿O has llegado a esta situación después de haberse cumplido el otoño y la primavera de tu vida?».

Cuando terminó de decir estas palabras, tomó la calavera por almohada y se durmió.

A media noche, la calavera se le apareció en sueños y dijo: «Has hablado como un charlatán. Todo lo que mencionas son cuidados de los hombres vivos. En la muerte no hay nada parecido. ¿Desearías oír hablar algo de la muerte?».

Tschuangtsé dijo: «¡Sí!».

La calavera exclamó: «En la muerte no hay ni príncipes ni siervos, ni tampoco el cambio de las estaciones. Nosotros nos dejamos llevar, y nuestra primavera y nuestro otoño son los movimientos del cielo y de la Tierra. Ni aun la felicidad de un rey en el trono puede compararse con la nuestra».

Tschuangtsé no le dio crédito y repuso: «Si yo pudiera hacer que el Señor del destino despertase tu cuerpo de nuevo a la vida, te diese de nuevo carne y hueso, piel y músculos, te devolviese padre y madre, mujer e hijo y todos los vecinos y conocidos, ¿estarías conforme con ello?».

La calavera le miró fijamente con sus grandes cuencas vacías, arrugó la frente y exclamó: «¿Cómo podría yo desechar mi majestuosa felicidad para cargar de nuevo con las fatigas del mundo de los hombres?».

(Libro XVIII, 4)

El sacerdote de los sacrificios, con su vestidura larga y oscura, se acercó a la reja del establo de los cerdos y les habló así: «¿O qué habéis de temer la muerte? Yo os cebaré durante tres meses; yo me mortificaré durante diez días y ayunaré durante tres. Luego extenderé las alfombras de paja blanca; vuestros lomos y vuestro rabo los colocaré en labradas vasijas de sacrificio. ¿Qué más queréis?».

Luego meditó sobre lo que los cerdos preferirían y dijo: «Mejor les valdrá que los cebe con granzas y salvado y los deje en su establo».

Pero, por su parte, estaba dispuesto a exponerse al peligro de la muerte con tal de tener en vida carrozas del Estado y vestidos magníficos. La suerte que desechaba desde el punto de vista de los cerdos la escogía para sí mismo. ¿Por qué quería tener él otro destino diferente del de los cerdos?

(Libro XIX, 6)

Un tallador de madera talló un campanario. Una vez terminado, todos los que lo veían ensalzaban la obra diciendo que era divina.

El príncipe de Lu lo vio también y le preguntó al maestro: «¿Cuál es vuestro secreto?».

Aquél respondió: «Yo soy un artesano y no tengo secreto alguno, pero, sin embargo, hay una cosa en que consiste mi obra. Cuando me disponía a hacer el campanario me guardé muy bien de derrochar mis energías. Ayuné para tranquilizar mi corazón. Después de haber ayunado tres días, ya no osaba pensar en la ganancia ni en los honores; después de cinco días de ayuno, ya no osaba pensar ni en las alabanzas ni en los reproches, ni en la habilidad ni en la ineptitud; después de siete días de ayuno, me había olvidado de mi cuerpo y de todos mis miembros. En aquella época ya no pensaba tampoco en la corte de Vuestra Alteza. De este modo me recogí en mi arte y todos los ruidos del mundo exterior desaparecieron para mí. Me fui después al bosque a contemplar los árboles y su crecimiento. Una vez que tuve el verdadero árbol ante mi vista, me encontré con el campanario terminado, de suerte que no tuve más que echar mano de él. Si no hubiese encontrado el árbol, hubiera abandonado mi empeño. Pero por haber hecho actuar mi naturaleza junto con la del material, las gentes dicen que es una obra divina».

(Libro XIX, 10)

Los canastos de pescar existen para los pescados; cuando ya se tienen, se olvidan los canastos. Las redes para coger liebres existen para las liebres; cuando se tienen, se olvidan las redes. Las palabras existen para los pensamientos; si se tienen, se olvidan las palabras. ¿Dónde encontraré a un hombre que olvide las palabras para poder hablar con él?

(Libro XXVI, 10)

d) Hanfetsé

El sentido es el comienzo de todas las cosas y la norma para lo justo y lo injusto. Por eso, todo príncipe sabio se atiene a este comienzo para conocer el origen de todas las cosas. Pone en orden aquella regla para conocer los síntomas de la prosperidad y de la decadencia. Por eso permanece inmóvil y vacío y prepara así sus órdenes.

Deja que los conceptos se determinen por sí propios. Permite que los trabajos se fijen por sí mismos. Por su vacío conoce las circunstancias de lo real. Por su quietud conoce las normas del movimiento.

Los que hacen proyectos deben fijar ellos mismos sus conceptos y los que emprenden trabajos deben formarlos o verificarlos ellos mismos.

Cuando coinciden la forma y el concepto, nada tiene que hacer el príncipe, sino que puede abandonarlo todo a las circunstancias. Por eso se dice que el príncipe no debe descubrir sus deseos. Cuando el príncipe descubre sus deseos, el funcionario se forma según estos últimos.

El príncipe no debe dejar que se vislumbren sus pensamientos. Cuando el príncipe deja que se vislumbren, entonces los funcionarios querrán destacar (estando de acuerdo con él).

Por eso se dice: destruye la preferencia, destruye la aversión y los funcionarios ostentarán simplicidad. Destruye la santidad, destruye el conocimiento y los funcionarios se perfeccionarán por sí solos. Por eso, cuando se tiene conocimiento, pero no se medita en él, se hace que todas las cosas conozcan su lugar adecuado. Cuando se posee virtud, pero no se quiere destacar por ella, se ve por qué normas se dirigen los funcionarios. Cuando se tiene valor, pero no se es colérico, entonces los funcionarios cumplen todos con sus deberes guerreros.

Por eso, destruye el conocimiento y tendrás servidores prudentes. Destruye la dignidad y tendrás servidores aptos. Destruye el valor y tendrás servidores fuertes. Entonces todos los funcionarios cumplirán su deber y los empleados tendrán reglas fijas. Se los utiliza según sus aptitudes: esto se llama ejercitar lo permanente.

Por eso se dice: ha de callar y quedarse en su sitio, como si no existiese; ha de estar tranquilo para que no se pueda saber nada de él. Cuando el príncipe no actúa desde su altura, entonces los funcionarios tiemblan en su situación de subordinados. La manera del príncipe sabio consiste en dejar que los que conocen agoten todos sus pensamientos, y el príncipe se rige según esto al decidir las cosas. Así, al príncipe nunca le falta conocimiento. Deja que los aptos desarrollen todas sus aptitudes y el príncipe se rige según esto al utilizarlos. Así, al príncipe no le falta nunca aptitud. Si se produce una buena obra, el príncipe recoge las alabanzas; si la cosa sale mal, el funcionario tiene que cargar con el castigo. Por eso al príncipe nunca le falta gloria. De esta suerte, aunque él mismo no sea apto, viene a ser el maestro de los aptos; aunque él mismo no conozca, viene a ser el juez sobre los más elevados de entre los que conocen. Los funcionarios tienen el trabajo y el príncipe tiene el mérito. Éste es el sendero que ha de seguir el buen soberano.

El camino del príncipe consiste en que no se le vea; las acciones del príncipe consisten en que no se puedan conocer. Está vacío y quieto, y no tiene trabajo alguno, y así puede ver en el secreto las faltas de las gentes. Ve y no ve, oye y no oye, conoce y no conoce. Conoce lo que sigue a las palabras de las gentes, sin cambio ni mutación, y previene las palabras de cada uno.

Cada cargo tiene su hombre. Éstos no deben ponerse de acuerdo entre sí y así logrará comprender todas las cosas en su interior. Borra sus huellas y esconde sus emociones y así los súbditos no le pueden adivinar; desecha su sabiduría y arroja sus aptitudes, y así los súbditos no le pueden conocer. Mantiene oculto su objetivo y averigua quién es el que está de acuerdo con él. Mantiene su autoridad y no la deja de las manos. Despoja a los funcionarios de sus deseos secretos y hace fracasar sus pensamientos. Cuida de que los otros no lo envidien.

Al que no echa sus cerrojos y no cierra sus puertas le acecha un tigre. El que no sea precavido en el obrar y no oculte sus sentimientos tendrá traidores. El que mate a su amo y se sitúe en su lugar con la ayuda general será un tigre. El que esté junto a su amo y escuche sus secretos será un traidor.

Si se disuelven sus partidos, si se ponen presos a sus partidarios, si se les cierran las puertas y se les despoja de sus auxiliares, no habrá tigres en el Estado.

Cuando se es grande sin que nadie sea capaz de medirle a uno, cuando se es profundo sin que nadie pueda sondearle a uno, cuando se ponen de acuerdo los castigos y las ideas, cuando se investiga cuidadosamente la forma de las leyes y se ejecuta a los transgresores, no hay traidores en el Estado.

El soberano tiene cinco obstáculos: cuando el funcionario encierra al soberano, esto es un obstáculo; cuando el funcionario tiene las finanzas en la mano, esto es un obstáculo; cuando el funcionario aplica las leyes por su propia iniciativa, esto es un obstáculo; cuando el funcionario se hace querer personalmente, esto es un obstáculo; cuando el funcionario puede colocar gentes, esto es un obstáculo.

Porque cuando el funcionario cierra el paso a su señor, entonces se sitúa en su lugar. Cuando el funcionario tiene en su mano las finanzas, entonces se apodera de la gracia del señor. Cuando el funcionario ejecuta por iniciativa propia las disposiciones, entonces se apodera del poder del señor. Cuando el funcionario se hace querer personalmente, entonces se adueña de la gloria del señor. Cuando el funcionario puede colocar a gentes, entonces se apodera de las simpatías del señor. Estas cinco cosas debe conservar el príncipe para sí; el funcionario no las debe ejercitar.

En el camino del príncipe, lo más precioso es la fama y el retraimiento. Si no toma las cosas en su propia mano, sabrá quién es torpe y quién es listo. Si no piensa y saca cuentas él mismo, conocerá quién trae suerte y quién trae desgracia.

No necesita hablar, y, sin embargo, halla una respuesta buena. No necesita prometer, y, sin embargo, halla un buen cumplimiento. Cuando las palabras han encontrado ya su respuesta, tiene a las gentes por su palabra. Cuando las cosas ya se han realizado, sostiene sus pruebas. Del acuerdo entre la palabra y la prueba se desarrolla el premio y el castigo.

Por eso, cuando los funcionarios han hecho una proposición, entonces el príncipe les prescribe sus deberes según sus proposiciones. Por el cumplimiento de estos deberes mide su valor. Cuando la obra está de acuerdo con el encargo y el encargo lo está con los proyectos, los premia. Cuando la obra no concuerda con el encargo y el encargo no concuerda con los proyectos, los ejecuta.

El camino de un soberano prudente es que los funcionarios no osen hacer proposiciones, que no estén a su altura. Por eso, el premio de un soberano prudente alivia como una lluvia a tiempo, y todas las gentes disfrutan de su frescura. Sus castigos son terribles como el trueno y el rayo, y ningún dios del cielo los puede desviar. Por eso, para un príncipe prudente no hay premio inmerecido ni perdón de los castigos. Si se premia de manera inmerecida, se sustraen al trabajo funcionarios meritorios.

Si se perdonan castigos, los malos funcionarios con facilidad dan rienda suelta a su maldad. Por eso, cuando alguien tiene un mérito real, aun cuando esté muy alejado y sea muy insignificante, habrá que premiarlo a toda costa. Cuando alguien se haga realmente culpable de una falta, aun cuando esté muy cerca y sea muy popular, habrá que ejecutarlo a toda costa. Cuando se ejecuta a toda costa a los próximos y a los que tienen simpatías, entonces los que están lejos y los insignificantes no se vuelven perezosos; y los próximos y los que tienen simpatías no se vuelven orgullosos.

(Cap. 5)

e) Lü Schï Tsch'un Ts'iu

Todos los seres son engendrados por el cielo. Su subsistencia y su perfeccionamiento es cosa de los hombres. Que pueda alimentar lo engendrado por el cielo sin violencia se llama con perfecto derecho hijo del cielo. El hijo del cielo tiene en todas sus acciones como objetivo el de perfeccionar la naturaleza por el arte. Éste es el motivo por el cual coloca funcionarios. El objeto de poner los funcionarios es cuidar y perfeccionar la vida. Hoy en día hay soberanos necios que tienen numerosos funcionarios, pero que con ello no hacen sino perjudicar la vida. Con esto equivocan el sentido de su constitución. Por ejemplo, preparan las armas para asegurarse contra los ataques enemigos. Pero cuando se toman las armas y se utilizan, al revés, para atacar, entonces el sentido de los armamentos está manifiestamente equivocado.

El agua es clara por naturaleza. Cuando queda enturbiada por la tierra, entonces no puede manifestarse esta claridad. El hombre por naturaleza está destinado a una larga vida. Cuando le ensombrecen las cosas exteriores, entonces esta larga vida no puede manifestarse. Las cosas exteriores están para ser utilizadas y adquirir por ellas la vida, y no para emplear la vida en adquirirlas. Hoy en día hay hombres necios que muchas veces tratan de adquirir las cosas exteriores entregando su vida, con lo que demuestran que no saben apreciar el verdadero valor. El que no conoce el verdadero valor toma lo importante por insignificante y lo insignificante por importante; quien obra así fracasará necesariamente en todas sus acciones. Un príncipe que obre así se convertirá en tirano; un funcionario que obre de este modo se transformará en rebelde; un hijo que obre así se hará desenfrenado. Cuando en un estado existe aunque sólo sea una de estas tres clases de hombres, entonces casi con seguridad se hundirá si no tiene una gran suerte. Cuando, por ejemplo, hay música que siendo agradable de oír ensordece, no se debe escuchar. Cuando hay una figura que aun siendo agradable de contemplar deslumbra, no se la debe ni siquiera mirar. Cuando una vianda, aun siendo agradable de comer, pervierte la boca al ser ingerida, no se la debe comer. Por eso, el comportamiento del sabio frente a las impresiones del oído, de la vista y del gusto será el de servirse de ellas cuando favorezcan a la vida, pero prescindir de éstas, cuando le perjudiquen. Éste es el medio de cultivar la vida y de perfeccionarla.

Los hombres de mundo que dan importancia a la riqueza están del todo deslumbrados por lo que se refiere a los goces de los sentidos. Cuando el hombre persigue la felicidad día y noche y la consigue, se vuelve desenfrenado. ¿Pero qué hará un hombre desenfrenado para no echar a perder su vida? Cuando diez mil hombres toman el arco y disparan juntos hacia un objetivo, entonces este objetivo se alcanza con seguridad. Cuando diez mil cosas se acumulan para perder una vida, entonces esta vida se suele perder. Pero cuando todo contribuye a fomentar una vida, es seguro que esta vida durará mucho tiempo. Por eso, el sabio organiza el uso de las cosas de suerte que completen la vida que ha recibido del cielo. A quien perfecciona esta vida, su espíritu alcanzará la armonía, su vista se hará clara, su oído comprensivo, su olfato fino, su gusto agudo, y todos sus miembros quedarán sueltos y libres. Un hombre así hallará crédito sin hablar, encontrará lo justo sin meditar antes, encontrará su objetivo sin pensarlo, porque su espíritu penetra el cielo y la tierra, y su razón abraza el universo. Frente a las cosas, se halla de forma que todas están a su disposición y tienen que servirle. Se asemeja en ello al cielo y a la Tierra. Si está arriba, sobre el trono real, no será orgulloso; si está abajo, como hombre vulgar, no se entristecerá por ello. De un hombre así puede decirse que ha perfeccionado su carácter. El honor y la riqueza sin el conocimiento de que el bienestar conduce a la miseria son peores que la pobreza y la bajeza. Porque el que es pobre y está bajo tiene dificultad para atraer las cosas hacia sí; aun cuando quisiera dedicarse al lujo, ¿cómo podría hacerlo? En las calles, el carruaje; en la casa, sillón de manos; todo eso se busca para proporcionarse comodidades; pero esas cosas no son más que máquinas para producir la parálisis. La buena carne y el vino añajo se buscan para fortalecerse; pero no son más que venenos que pudren las vísceras. Las mejillas suaves, los dientes blancos y los sonidos seductores de Tschong y de We se buscan para deleitarse; pero no son sino hachas que seccionan la vida. Estos tres males son la consecuencia del honor y la riqueza. Por eso, entre los hombres de la antigüedad, había algunos que se negaban a poseer honores y riquezas, porque daban importancia a la vida. El que no se quiere dejar deslumbrar por nombres necios, sino que da importancia a la realidad, debe tener en cuenta la advertencia.

(Libro I, 3)

Tsch'ui era muy hábil, y, sin embargo, las gentes prefieren sus propios dedos antes que los de Tsch'ui. La razón de ello es que su posesión les proporciona provecho. A las piedras de nefrita del monte K'un y a las perlas de los ríos Kiang y Han, las gentes prefieren sus propias piedrecitas de nefrita manchada o sus pequeñas perlitas de barroca. El motivo es que su propiedad les resulta útil. Ahora bien, mi vida me pertenece también a mí, y la utilidad que para mí tiene es particularmente grande. Es para mí tan importante que ni siquiera un trono imperial puede compararse con ella. Es tan preciosa para mí que no la cambiaría ni aun por la posesión de todo el mundo. Su seguridad es insustituible, porque una vez perdida, ya en toda la vida la podré recobrar. Estas tres cosas son las que principalmente tienen en cuenta los sabios que han conocido la verdad. Pero cuando uno las tiene en cuenta y, sin embargo, le perjudican, es que no entiende las circunstancias fundamentales. Pero al que no entiende las circunstancias de la vida, ¿de qué le servirá toda la previsión? Hace como aquel músico ciego que amaba a su hijo, pero le hacía dormir sobre las granzas; o como aquel sordo[13] que educaba a un hijo, pero bromeaba con él en medio de los truenos en el patio: los dos padecían sus achaques y no sabían, por tanto, qué era la previsión. El que no sabe qué es la previsión ni siquiera conoce la diferencia entre la vida y la muerte, la permanencia y la decadencia, la posibilidad y la imposibilidad. Aquel para quien esta diferencia no exista todavía tendrá por bueno lo que no es bueno en modo alguno, y por falso lo que de ninguna manera es falso. Pero si lo que tiene por falso es bueno, y lo que tiene por bueno es falso, será un gran necio. Sobre estos hombres cae el castigo del cielo. Quien dirija un Estado según estos principios seguramente lo llevará a la decadencia y a la ruina. La muerte prematura, la decadencia y la ruina no vienen por sí solas, sino que están provocadas por la necedad. Por otra parte, con la larga vida y el estado floreciente perpetuo también ocurre lo mismo. Por eso, el sabio no se preocupa de los destinos que han sido acarreados, sino de lo que acarrea estos destinos. Entonces todo le corresponde sin que nadie lo pueda impedir. Hay que comprender bien esta consideración.

Si un atleta como Wu Hu quisiera tirar a un buey de la cola con todas sus fuerzas, antes se la arrancaría o se le acabarían las fuerzas que conseguir que el buey le siga, porque le tira hacia atrás. Pero si un niño pequeño lo lleva de un anillo en el morro, el buey le seguirá adonde quiera, porque va hacia adelante.

---

13. Dormir sobre granzas perjudica a los ojos, lo cual, naturalmente, no lo sentía el ciego. Mientras duran los truenos hay que rezar y confesar sus pecados; como el sordo no oye, es natural que no pueda educar a su hijo en este sentido.

Los príncipes y señores de este mundo, sean dignos o indignos, desean todos vivir mucho tiempo y ver muchos días. Pero si cada día tiran con violencia de su vida hacia atrás, ¿de qué les sirve entonces su deseo? Lo que alarga la vida es avanzar hacia delante. Pero lo que no deja que avance la vida hacia delante son los apetitos. Por eso, el sabio limita, ante todo, los apetitos. Si un aposento es grande, será demasiado sombrío. Si una terraza es alta, será demasiado soleada. Si se está demasiado a la sombra, se padece reumatismo; si se está demasiado al Sol, uno se vuelve paralítico. Éstos son los males que se producen cuando entre la sombra y el Sol no se guarda la debida proporción. Por eso, los reyes de la antigüedad no vivían en grandes palacios. No se construían terrazas elevadas, no les gustaba cualquier clase de golosinas; no se vestían con telas gruesas y de abrigo. Porque cuando se va vestido con trajes gruesos y de abrigo se obstruyen los poros. Cuando los poros están obstruidos la fuerza se detiene. Si gusta toda suerte de golosinas, el estómago se sobrecarga. Si el estómago se sobrecarga, se producen trastornos en la digestión. Pero si hay trastornos en la digestión y la fuerza se detiene, ¿cómo se podrá conseguir una larga vida? Los santos reyes de la antigüedad tenían parques, jardines zoológicos, arbolados y estanques suficientemente grandes para disfrutar con su vista y proporcionarse ejercicio físico. Se construían castillos y palacios, terrazas y pabellones suficientemente grandes para resguardarse del calor y de la humedad. Tenían coches y caballos, vestidos y pieles para estar cómodos y calentar el cuerpo. Tenían manjares y bebidas, vino fresco e hidromiel, lo necesario para satisfacer el gusto y acallar el hambre. Tenían música, belleza y canciones, lo justo para dar a su alma un goce de armonía. Los santos reyes tenían presentes estas cinco cosas para cuidar su vida. No es que quisieran economizar y huyeran de los gastos, sino que deseaban ordenar su vida.

(Libro I, 3)

f) Huainantsé

El hundimiento del cielo todavía no había adquirido forma alguna. Estaba flotando y nadando y se llamaba la gran luz. Cuando comenzó el sentido en el caos vacío de nubes, el caos de nubes engendró el espacio y el tiempo. Espacio y tiempo dieron lugar a la fuerza. Ésta tenía unos límites fijos. Lo puro y lo claro ascendió flotando y formó el cielo. Lo pesado y lo turbio se cuajó abajo y formó la tierra. La unión de lo puro y lo claro resulta fácil. El cuajamiento de lo pesado y lo turbio es difícil. Por eso se terminó primero el cielo y después se solidificó la tierra. La semilla unida del cielo y la Tierra es lo oscuro y lo claro. Las semillas concentradas de lo oscuro y lo claro son los cuatro tiempos. La semilla dispersa de los cuatro tiempos es la cantidad de las cosas. La fuerza caliente de lo claro reunido engendra el fuego. La semilla de la fuerza ígnea es el Sol. La fuerza fría de lo sombrío reunido es el agua. La semilla del agua es la Luna. La semilla salpicada del Sol y la Luna son las estrellas y las imágenes. El cielo recogió el Sol y la Luna, las estrellas y las imágenes. La Tierra recogió el agua, las olas, el polvo y el orbe.

Cuando en tiempos antiguos, Kung Kung luchaba con Tschuan Hsü por la soberanía, iracundo, le dio un empujón a la montaña incompleta. Entonces, la columna del cielo se partió y el lazo de la Tierra se rasgó. El cielo se desplazó hacia el noroeste. Por eso, las órbitas del Sol, la Luna y las estrellas se torcieron. La Tierra ya no llena por completo el sudeste. Por eso, todos los ríos fluyen hacia allí.

El camino del cielo es redondo; el de la Tierra es cuadrado. La esencia de lo redondo es lo claro. Lo claro escupe fuerza; por eso se dice del fuego que su sombra cae hacia fuera. Lo oscuro absorbe fuerza; por eso se dice del agua que su sombra cae hacia adentro. Lo que escupe fuerza, obra; lo que absorbe fuerza, disuelve. Por eso, lo claro actúa y lo oscuro descompone. La fuerza del cielo dirigida hacia afuera es colérica y constituye el viento. La fuerza absorbente de la Tierra es armónica y constituye la lluvia. Cuando lo oscuro y lo claro se influyen mutuamente, se produce el trueno. Si esta influencia es violenta, se produce el relámpago. Si es desordenada se forma la niebla. Si la fuerza clara vence, destruye a esta última y forma la lluvia y el rocío. Si la fuerza oscura vence, se solidifica y constituye la escarcha y la nieve. Los animales de pelo y pluma son las clases que vuelan y que andan. Por eso pertenecen al reino de lo claro. Los animales de conchas y escamas son las clases ocultas y descendentes. Por eso pertenecen al reino de lo oscuro. El Sol es el señor de lo claro. Por eso, en primavera y en verano, todos los animales mudan su pelo, y en la época del solsticio, ciervos y corzos liberan su cornamenta. La Luna es el antepasado de lo oscuro. Por eso, cuando la Luna decrece, disminuye el cerebro de los peces. Cuando la Luna muere, se encogen los caracoles y los moluscos. El fuego prende hacia arriba, el agua se filtra hacia abajo. Por eso las aves en sus vuelos ascienden, y los peces, al moverse, descienden. Las especies de los seres se mueven unas u otras. La raíz y la cima se corresponden. Por eso, cuando el espejo ustorio ve el Sol, enciende y produce fuego. Cuando el espejo convexo ve la Luna, se humedece y produce agua. Cuando el tigre ruge, viene el viento del valle. Cuando el dragón se alza, se reúnen en torno a él las nubes de la altura. Cuando el kilin pelea, hay eclipses de Sol y Luna. Cuando la ballena muere, aparecen cometas. Cuando la oruga teje la seda, saltan las cuerdas altas de la cítara. Cuando hay lluvia de estrellas, el mar grande se desborda.

Los sentimientos del soberano de los hombres están, por arriba, unidos al cielo. Por eso, cuando es cruel, hay viento huracanado. Si tuerce el derecho, hay orugas y gusanos. Si mata a inocentes, habrá sequía en el país. Si las órdenes no se atienen a las leyes, habrá inundaciones. Los cuatro tiempos son los servidores del cielo. El Sol y la Luna son los mensajeros del cielo. Las estrellas y las imágenes son los puntos de reunión del cielo. El arcoíris masculino (de colores) y el femenino (blanco) y los cometas son las amenazas del cielo. El cielo tiene nueve campos y 9999 esquinas. Está separado de la Tierra 5000 millones de leguas. Hay 5 comarcas estelares, 8 vientos y 28 casas lunares.

¿Qué son los nueve campos? El centro se llama el cielo plano. El este se denomina el cielo azul. El noreste, el cielo cambiante. El norte, el cielo negro. El noroeste, el cielo oscuro. El oeste, el cielo blanco. El suroeste, el cielo escarlata. El sur, el cielo flamígero. El sureste, el cielo claro.

¿Qué son las cinco comarcas estelares? En el este está la madera. Su soberano es T'ai Hao (Fu Hsi). Su espíritu protector es Kou Mang (el dios de las semillas). Tiene un compás y reina sobre la primavera. Su dios es la estrella del año (Júpiter). Su animal es el dragón azul. Su nota es Küo.[14] Sus días son Kia e I.[15]

En el sur está el fuego. Su soberano es el soberano flamígero (Schen Nung, el labriego divino). Su espíritu protector es el rojo claro (Tschu Ming o también Tschu Yung, llamado el Fundidor). Tiene una balanza y reina sobre el verano. Su dios

---

14. Los cinco sonidos son: *Kung* (tono base, tónica), *Schang* (segunda), *Küo* (tercera), *Tschï* (quinta), *Yü* (sexta). La escala china no tiene ni cuarta ni séptima. En cambio, existen los doce medios tonos de la octava.

15. Los diez signos cíclicos son:

Kia e I	Este	Primavera	Madera	-
Ping y Ting	Sur	Verano	Fuego	-
Mou y Ki	Centro		Tierra	-
Kong y Hsin	Oeste	Otoño	Metal	-
Jen y Kul	Norte	Invierno	Agua	-

es la estrella brillante (Marte). Su animal es el ave roja. Su nota es *Tschï*. Sus días son *Ping* y *Ting*.

En el centro está la tierra. Su soberano es Huangti (el señor amarillo). Su espíritu protector es Hou T'u (el señor de los terrones de tierra). Tiene el cordel y reina en las cuatro partes del cielo. Su dios es la estrella vigilante (Saturno). Su animal es el dragón amarillo. Su nota es *Kung*, sus días son *Mou* y *Ki*.

En el oeste está el metal. Su soberano es Schao Hao (el hijo de Huangti). Su espíritu protector es Jou Schou (el genio de la cosecha). Tiene la escuadra y reina en el otoño. Su dios es la gran estrella blanca (Venus). Su animal es el tigre blanco. Su nota es *Schang*. Sus días son *Kong* y *Hsin*.

En el norte está el agua. Su soberano es Tschuan Hsü. Su espíritu protector es Hsüan Ming (el oscuro). Tiene una plomada y reina en el invierno. Su dios es la estrella de la mañana (Mercurio). Su animal es el guerrero oscuro (tortuga y serpiente, que significan la parte norte del cielo). Su nota es *Yü*. Sus días son *Jen* y *Kui*.

¿Qué son los ocho vientos? A partir del solsticio de invierno y durante cuarenta y cinco días viene el viento corrido. Después del viento corrido y durante cuarenta y cinco días viene el viento claro común. Después del viento claro común y durante cuarenta y cinco días viene el viento claro puro. Después del viento claro puro y durante cuarenta y cinco días viene el viento de perspectiva. Después del viento de perspectiva y durante cuarenta y cinco días viene el viento fresco. Después del viento fresco y durante cuarenta y cinco días viene el viento de la puerta cerrada del cielo. Después del viento de la puerta cerrada del cielo y durante cuarenta y cinco días viene el viento incompleto. Después del viento incompleto y durante cuarenta y cinco días viene el viento del desierto...

Si el cielo no envía su fuerza oscura, no pueden formarse los seres vivos. Si la Tierra no envía su fuerza clara, no pueden perfeccionarse los seres vivos. El cielo es redondo; la Tierra, cuadrada. El sentido está en el centro. El Sol obra gracia, la Luna obra castigo. Cuando la Luna decrece, todos los seres mueren. Cuando el Sol aparece, todos los seres cobran vida. Lejos de la montaña se oculta la fuerza de la montaña. Lejos del agua se encierran los animales acuáticos. Lejos de la madera se secan las hojas del árbol. Cuando el Sol no aparece en quince días, ha perdido su sitio. Un buen soberano no tolera esto... Después del solsticio de verano, reina la oscuridad sobre la luz. Por eso, todos los seres vivos se vuelven hacia la muerte. Después del solsticio de invierno, reina lo claro sobre lo oscuro. Por eso, todos los seres vivos ascienden hacia la luz. El día es la parte de lo claro. La noche es la parte de lo oscuro. Por eso, cuando la fuerza clara vence, los días son largos y las noches cortas. Cuando la fuerza oscura vence, los días son cortos y las noches largas.

(Cap. 5)

FIN

ÍNDICE